이럴 땐 이렇게 말한다

네이티브가 알려 주는 진짜 일본어 표현

오오츠루 아야카 · 시원스쿨일본어연구소 지음

네이티브 선생님이 가르쳐 주는 **진짜 일본어!**

상황별 대상별 꼭 맞게 쓰는 **실생활 표현이 가득!**

MP3 무료 다운로드 (QR코드 제공)

시원스쿨닷컴

네이티브가 알려주는
진짜 일본어 표현

초판 2쇄 발행 2018년 12월 31일

발행인 양홍걸 이시원
지은이 오오츠루 아야카·시원스쿨일본어연구소
발행처 ㈜에스제이더블유인터내셔널

출판총괄 조순정
기획편집 김소영 한새미
디자인 차혜린
삽화 김선희
출판마케팅 장혜원 이현정 이윤재 이성원 백영걸
제작/지원 김석성 양수지

임프린트 시원스쿨
홈페이지 www.siwonschool.com
주소 서울시 영등포구 국회대로74길 12 남중빌딩 시원스쿨

등록번호 2010년 10월 21일 제 321-2010-0000219
도서구입문의 전화 02)2014-8151 **팩스** 02)783-5528

* 파본은 교환해 드립니다.
* 책값은 뒤표지에 있습니다.
* LOT SW D-181214 P01

늘 열심히 일본어를 공부했던 분들이라도 막상 일본인을 만나면 '이 사람에게 이렇게 말해도 되나?'라고 한 번쯤 망설여 본 적이 있을 것입니다. 저도 한국어를 공부했을 당시 비슷한 고민으로 힘들었던 경험이 있기 때문에 일본어를 학습하는 분들의 어려운 마음을 충분히 이해합니다. 그래서 일본어 학습자 분들이 헷갈려 하는 상황과 대상을 제시하고 어떻게 말하면 네이티브처럼 말할 수 있는지에 방점을 두고 이 책을 집필하기 시작했습니다.

일본에서는 단순히 나이로 존댓말과 반말을 구분하지 않고 오히려 심리적인 거리에 따라서 구분하는 경향이 있습니다. 따라서 이 책에서는 말하는 관계를 총 세 가지로 구분하였습니다. 비즈니스 관계 혹은 어려운 손윗사람을 첫번째 그룹, 나와 대등하더라도 심리적 거리감이 조금 있어 존댓말을 사용해야하는 상대를 두번째 그룹, 마지막으로 또래나 아랫사람, 그리고 심리적 거리감이 매우 가까워 반말을 사용할 수 있는 상대를 세번째 그룹으로 구분하여 이 관계에 따라 내가 하는 말이 어떻게 달라져야 하는지 자세하게 다루었습니다. 또한 한국어와 비슷하지만 다르게 나타내 헷갈리는 표현들과 한국인으로서 사용하기 어려운 일본어 표현, 주의해야 할 표현들은 BONUS와 TIP에 따로 구분에서 정리해 놓았습니다. 이 책을 통해 상황과 대상에 따라 쓸 수 있는 다양한 표현을 한번에 배움으로써 어디에서 어떤 상대를 만나도 두려워하지 않고 자연스러운 일본어로 대화를 할 수 있기를 기대합니다.

일본어로 '**為**(な)**せば成**(な)**る**(하면 된다)'라는 말이 있듯이 노력해서 이루어지지 않는 일은 없다고 생각합니다. 일본어를 학습하시는 모든 분들! 끝까지 포기하지 말고 재미있게 공부하여 각자 원하는 결과를 얻기를 바라며 '진짜 일본어'를 할 수 있는 그 날까지 이 책과 함께 해 주셨으면 좋겠습니다. 끝으로 이 책을 집필하는 과정에서 도움을 주신 시원스쿨 관계자 여러분들께 진심으로 감사의 마음을 전하고 싶습니다.

오오츠루 아야카(大鶴綾香)

목차

- 머리말 3
- 목차 4
- 이 책의 특징 10
- 시원스쿨 일본어 강좌 소개 12
- 학습 후기 14

Warming Up 네이티브 회화 비법

POINT 1	종조사	16
POINT 2	축약형	24
POINT 3	감탄사	30
POINT 4	신조어	32
생활 일본어	일본어 자판 입력 방법	34

Chapter 01 인사 표현

PATTERN 001	おはようございます。안녕하세요.	36
PATTERN 002	こんにちは。안녕하세요.	38
PATTERN 003	こんばんは。안녕하세요.	40
PATTERN 004	どうも。안녕하세요.	42
PATTERN 005	すみません。실례합니다.	44
PATTERN 006	お久(ひさ)しぶりです。오랜만이에요.	46
PATTERN 007	お元気(げんき)でしたか。잘 지냈어요?	48
PATTERN 008	お変(か)わりないですか。별일 없으세요?	50
PATTERN 009	お疲(つか)れ様(さま)です。수고하세요.	52

PATTERN 010 ご苦労様です。 고생이 많으십니다. 54
생활 일본어 기내/공항에서 56

Chapter 02 맞장구와 호응 표현

PATTERN 011 そうです。 그래요. 58
PATTERN 012 確かに。 확실히. 60
PATTERN 013 なるほど。 그렇군. 62
PATTERN 014 やっぱり。 역시. 64
PATTERN 015 いい感じですね。 느낌이 좋네요. 66
PATTERN 016 すごいですね。 대단하네요. 68
PATTERN 017 やばいですよ。 대박이에요. 70
PATTERN 018 本当ですか。 정말이에요? 72
PATTERN 019 まさか。 설마. 74
PATTERN 020 あり得ないです。 말도 안 돼요. 76
생활 일본어 대중교통에서 78

Chapter 03 부탁과 허락 표현

PATTERN 021 お願いします。 부탁드려요. 80
PATTERN 022 ○○てください。 ○○해 주세요. 82
PATTERN 023 ○○てもらえますか。 ○○해 주시겠어요? 84
PATTERN 024 そこを何とか…。 그걸 어떻게 좀…. 86
PATTERN 025 お手数おかけします。 수고를 끼칩니다. 88
PATTERN 026 ○○てもいいですか。 ○○해도 돼요? 90

PATTERN 027 ○○てはいけませんか。○○하면 안 됩니까? 92
PATTERN 028 どうぞ。(어서) 하세요. 94
PATTERN 029 ○○ても構(かま)わないです。○○해도 돼요. 96
PATTERN 030 ○○なくてもいいです。○○하지 않아도 돼요. 98
생활 일본어 음식점에서 100

Chapter 04 권유와 희망 표현

PATTERN 031 ○○ませんか。○○하지 않겠습니까? 102
PATTERN 032 ○○ましょうか。○○할까요? 104
PATTERN 033 ○○ましょう。○○합시다. 106
PATTERN 034 どうですか。어때요? 108
PATTERN 035 よかったら…。괜찮으면…. 110
PATTERN 036 ○○たいです。○○하고 싶어요. 112
PATTERN 037 ○○てほしいです。○○해 주길 바라요. 114
PATTERN 038 ○○ない方(ほう)がいいですよ。○○하지 않는 게 좋아요. 116
PATTERN 039 楽(たの)しみです。기대 돼요. 118
PATTERN 040 ○○はずです。○○할 거예요. 120
생활 일본어 패스트푸드점/편의점에서 122

Chapter 05 사과와 용서 표현

PATTERN 041 すみません。죄송합니다. 124
PATTERN 042 ごめんなさい。미안합니다. 126
PATTERN 043 会(あ)わせる顔(かお)がありません。면목이 없습니다. 128
PATTERN 044 失礼(しつれい)しました。실례했습니다. 130
PATTERN 045 ご迷惑(めいわく)をおかけしました。폐를 끼쳤어요. 132

PATTERN 046 許してください。용서해 주세요. 134
PATTERN 047 大目に見てください。너그러이 봐주세요. 136
PATTERN 048 勘弁してください。용서해 주세요. 138
PATTERN 049 しょうがないですね。어쩔 수 없네요. 140
PATTERN 050 気にしないでください。신경 쓰지 마세요. 142
생활 일본어 관광지에서 1 144

Chapter 06 감사와 배려 표현

PATTERN 051 ありがとうございます。고맙습니다. 146
PATTERN 052 感謝しています。감사드립니다. 148
PATTERN 053 お世話になっています。신세를 지고 있습니다. 150
PATTERN 054 助かります。도움이 돼요. 152
PATTERN 055 お言葉に甘えて。사양하지 않고. 154
PATTERN 056 遠慮なく。사양 말고. 156
PATTERN 057 お気遣いなく。신경 쓰지 마세요. 158
PATTERN 058 お構いなく。신경 쓰지 마세요. 160
PATTERN 059 ご心配なく。걱정하지 마세요. 162
PATTERN 060 恐れ入ります。송구스럽습니다. 164
생활 일본어 관광지에서 2 166

Chapter 07 승낙과 거절 표현

PATTERN 061 いいですね。좋네요. 168
PATTERN 062 是非。꼭이요. 170
PATTERN 063 分かりました。알겠어요. 172
PATTERN 064 了解しました。알겠어요. 174

PATTERN 065 すみません。죄송합니다. 176
PATTERN 066 ちょっと…。좀…. 178
PATTERN 067 せっかくですが。모처럼이지만. 180
PATTERN 068 お気持ちだけで充分です。마음만으로 충분해요. 182
PATTERN 069 遠慮します。사양할게요. 184
PATTERN 070 結構です。됐습니다. 186
생활 일본어 병원/약국에서 188

Chapter 08 의견과 생각, 조언 표현

PATTERN 071 どうですか。어때요? 190
PATTERN 072 ○○(ん)じゃないですか。○○이지 않아요?, ○○이잖아요. 192
PATTERN 073 知っています。알고 있어요. 194
PATTERN 074 ○○と思います。○○라고 생각해요. 196
PATTERN 075 ○○気がします。○○한 기분이 들어요. 198
PATTERN 076 ○○みたいです。○○인 것 같아요. 200
PATTERN 077 ○○でしょう。○○이겠죠. 202
PATTERN 078 言う通りです。말하는 대로예요. 204
PATTERN 079 ○○なければいけません。○○해야 돼요. 206
PATTERN 080 ○○た方がいいですよ。○○하는 게 좋아요. 208
생활 일본어 관공서에서 210

Chapter 09 나무람과 위로 표현

PATTERN 081 だめです。안 돼요. 212
PATTERN 082 どういうことですか。무슨 소리예요? 214
PATTERN 083 やめてください。그만하세요. 216

PATTERN 084 とぼけないでください。시치미 떼지 마세요. 218
PATTERN 085 からかわないでください。놀리지 마세요. 220
PATTERN 086 大丈夫ですよ。괜찮을 거예요. 222
PATTERN 087 頑張ってください。힘내세요. 224
PATTERN 088 大変でしたね。힘들었겠네요. 226
PATTERN 089 残念でしたね。아쉬웠겠네요. 228
PATTERN 090 お気の毒ですね。참 안됐네요. 230
생활 일본어 옷가게/상점에서 232

Chapter 10 칭찬과 겸손 표현

PATTERN 091 さすがですね。역시 대단하네요. 234
PATTERN 092 すばらしいですね。훌륭하네요. 236
PATTERN 093 参考になりました。도움이 됐어요. 238
PATTERN 094 参りました。졌습니다. 240
PATTERN 095 ○○には敵いません。○○에는 못 당해 내요. 242
PATTERN 096 どういたしまして。별 말씀을요. 244
PATTERN 097 おかげさまで。덕분에요. 246
PATTERN 098 まだまだです。아직 멀었어요. 248
PATTERN 099 とんでもないです。당치도 않아요. 250
PATTERN 100 光栄です。영광이에요. 252
생활 일본어 TV/방송에서 254

■ 표현 색인 255

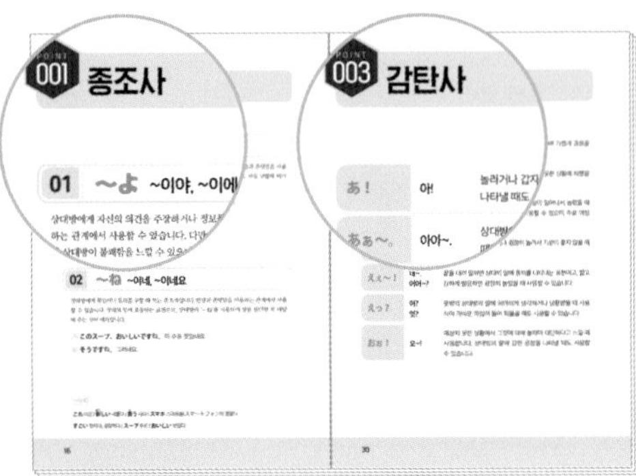

STEP 01 네이티브 회화 비법

일본인이 쓰는 '종조사'와 '축약형', '감탄사'를 미리 배워 네이티브처럼 자연스러운 일본어를 구사할 수 있습니다. 또한 흥미로운 '신조어'를 통해 재미있게 학습을 시작할 수 있습니다.

STEP 02 공부 시작하기

본 장에서 배울 테마의 내용과 관련 표현들을 한 눈에 정리하였습니다. 본 과에서 어떠한 내용을 배울지 먼저 살펴보고 학습 목표를 세울 수 있습니다.

STEP 03 네이티브 따라잡기

본 과에서 배울 표현의 전반적인 내용을 제시하고, 각각의 상황과 대화하는 대상에 따라 그 표현을 어떻게 사용할 수 있는지 표를 통해 한번에 확인할 수 있습니다. 일러스트를 통해 적절한 제스처도 알아볼 수 있습니다.

STEP 04 예문으로 알아보기 & 일본인과 대화하기

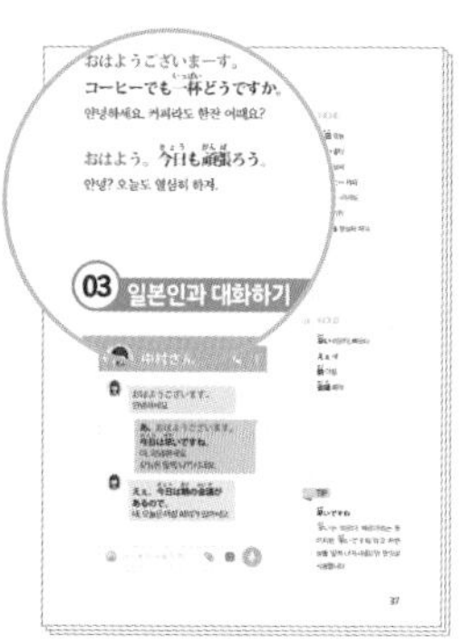

본 과에서 배운 표현이 어떻게 문장에서 쓰일 수 있는지 예문으로 확인할 수 있습니다. 또한 실제 일본인과의 대화에 응용해 봄으로써 내용을 확실히 정리할 수 있습니다.

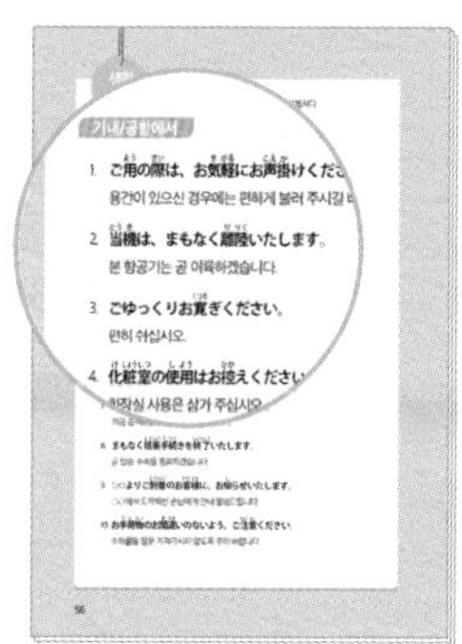

STEP 05 생활 일본어

실생활에서 자주 듣는 일본어 문장 10개를 제시하였습니다. 실제로 일본에 갔을 때의 현장감을 살려 현지에서 익숙해 질 수 있도록 했습니다.

특별부록 MP3 무료 다운로드

각 과에서 배우는 표현의 예문과 회화 등을 듣고 따라 하면서 학습할 수 있도록 원어민이 녹음한 MP3 파일을 무료로 제공합니다. MP3 파일은 시원스쿨 일본어 홈페이지(http://japan.siwonschool.com)의 수강신청>교재/mp3에서 다운받을 수 있습니다. 또한 스마트폰의 QR코드 리더 어플로 QR코드를 찍어 바로 재생시킬 수도 있습니다.

LEVEL 1	LEVEL 2	LEVEL 3
2개월	4개월	6개월

NEW 일본어 왕초보 탈출 1, 2, 3

기초 말하기

실전 말하기

발음훈련

왕초보 트레이닝

초급회화

여행 일본어

중급회화

왕초보 문법

중급문법

속성문법

일본어 독해

독학 첫걸음

이야기 일본어 1, 2

일본어 필수 어휘 1, 2, 3, 4

드라마 일본어 시리즈

일본어 청취

시험 적중문법

시원스쿨 일본어 홈페이지에서
(japan.siwonschool.com)
더욱더 다양한 일본어 강좌를
만나보세요.

* 체크가 되어 있는 강의는 오픈 예정 강좌입니다.

LEVEL 4	LEVEL 5	LEVEL 6
8개월	10개월	12개월
10분 생활일본어 / 중고급 트레이닝		일본어 프리토킹*
고급회화	비즈니스 회화 1, 2, 3	
고급문법	심화문법	
일본어 작문	일본 상식	뉴스 일본어
테마 일본어	뉘앙스 일본어	
여행 일본어(단어편)	한글로 배우는 한자	테마로 배우는 한자 1, 2
	스크린 일본어 1, 2, 3	
JPT 550+ 독해 JPT 550+ 청해	JPT 650+ 독해 JPT 650+ 청해	JPT 750+ 독해 JPT 750+ 청해
JLPT N3 1개월 완성 JLPT N3 문자/어휘 JLPT N3 문법 JLPT N3 독해 JLPT N3 청해 JLPT N3 파이널체크	JLPT N2 1개월 완성 JLPT N2 문자/어휘 JLPT N2 문법* JLPT N2 독해 JLPT N2 청해 JLPT N2 파이널체크	JLPT N1 1개월 완성 JLPT N1 문자/어휘* JLPT N1 문법* JLPT N1 독해 JLPT N1 청해 JLPT N1 파이널체크

자타공인 리얼 일본어 No.1 '아야카 선생님'의 학습 후기

12기 이*레

아야카 선생님으로부터 너무나 생동감 넘치는 표현들을 배울 수 있었어요! 문법책에서는 제대로 배우지 못하는 현지에서 자주 쓰는 표현이라든가 줄여서 쓰는 표현까지 완벽하게 포인트를 집어 주셔서 정말 유익했고, 무엇보다 재미있었기에 일과를 끝낸 후의 지친 밤에도 무리 없이 학습할 수 있었어요.

아야카 선생님의 수업은 너무나도 시간이 빨리 지나갑니다. 그만큼 수업이 지루할 틈이 없는 게 장점입니다. 일본어 대화를 같이 따라 하면서 공부하다 보니 시간이 빨리 가고 미리 알려주신 단어들을 통해 일본어 대화가 자동으로 해석이 되는 것을 느끼면서 정말 뿌듯하게 공부를 할 수 있습니다.

16기 김*배

17기 이*중

기존에는 문법, 시험 위주로 일본어 공부를 하다 보니 흥미가 없어져서 금방 포기해 버렸어요. 그러던 중 아야카 선생님의 수업은 다른 강의들과 달리 실생활 속에서 생생한 회화를 배우기 때문에 더욱 재미있게 일본어를 배울 수 있을 것 같아서 수업을 듣게 되었습니다. 그 결과, 너무 만족스럽습니다.

일본인처럼 말하는 진짜 살아있는 회화 비법!
네이티브 선생님과 함께 공부해 봅시다!

네이티브 회화 비법

우리가 딱딱한 문장이 아닌 실제 회화를 할 때 앞서 알아두면 좋을 포인트가 있습니다.
바로 일본어의 종조사와 축약형, 감탄사, 그리고 신조어 네 가지인데요.
어떻게 하면 진짜 일본인처럼 말할 수 있는지 회화에 꼭 필요한 비법을 지금부터 알아봅시다.

POINT 1. 종조사 ~よ | ~ね | ~よね | ~な | ~(な)の | ~のか | ~だろ | ~かい | ~じゃん | ~さ | ~ぜ | ~ぞ | ~(だ)わ | ~かしら | ~かな | ~っけ

POINT 2. 축약형 ん | ~ん | ~ちゃ(じゃ) | ~ちゃう(じゃう) | ~てる | ~ては(てちゃ) | ~ていい | ~とく | ~っす | ~って | ~なきゃ | ~とこ

POINT 3. 감탄사 あ！ | あぁ~。 | あら！ | うぇっ！ | えぇ~！ | えっ？ | おぉ！ | ねぇ。 | はぁ。 | ふぅ~。 | ふーん。 | へぇ~。 | もう！ | わぁ~！

POINT 4. 신조어 アカ | 友達(ともだち)リクエスト | 自撮(じど)り | トップ画(が) | インスタ映(ば)え | 既読(きどく)·既読無視(きどくむし)(スルー) | 未読(みどく)·未読無視(みどくむし)(スルー) | グルチャ | 個(こ)チャ | ガラケー | ゆるキャラ | かまちょ | ワンチャン | おけまる | りょ | つらたん | ディスる | 豆腐(とうふ)メンタル | 草不可避(くさふかひ)

POINT 001

종조사

01 ～よ ~이야, ~이에요

상대방에게 자신의 의견을 주장하거나 정보를 전달할 때 쓰는 종조사입니다. 반말과 존댓말을 사용하는 관계에서 사용할 수 있습니다. 다만 자신의 주장을 내세우는 뉘앙스이므로 자칫 남발해 버리면 상대방이 불쾌함을 느낄 수 있으니 주의해야 합니다.

Ⓐ **これ、新(あたら)しく買(か)ったスマホだよ。** 이거, 새로 산 스마트폰이야.

Ⓑ **えー！ すごい。** 오~! 멋지다.

02 ～ね ~이네, ~이네요

상대방에게 확인이나 동의를 구할 때 쓰는 종조사입니다. 반말과 존댓말을 사용하는 관계에서 사용할 수 있습니다. 상대의 말에 호응하는 표현으로, 상대방이 '～ね'를 사용하여 말을 한다면 꼭 대답해 주는 것이 예의입니다.

Ⓐ **このスープ、おいしいですね。** 이 수프 맛있네요.

Ⓑ **そうですね。** 그러네요.

WORD

これ 이것 | **新(あたら)しい** 새롭다 | **買(か)う** 사다 | **スマホ** 스마트폰(スマートフォン의 준말) | **すごい** 멋지다, 굉장하다 | **スープ** 수프 | **おいしい** 맛있다

03 ～よね ~이지, ~이지요

상대방에게 동의를 구할 때 쓰는 종조사입니다. 반말과 존댓말을 사용하는 관계에서 사용할 수 있습니다. 말 끝을 올려서 말하면 확신을 가지고 상대방에게 동의 및 확인을 구하는 표현이 되고, 말 끝을 내려서 말하면 당연하다는 뉘앙스를 전할 수 있습니다.

Ⓐ **宿題(しゅくだい)、11ページまでだよね(↗)。** 숙제 11페이지까지이지?

Ⓑ **えー！宿題(しゅくだい)あった(↗)。** 어~! 숙제 있었어?

04 ～な ~이네, ~이군

혼잣말을 할 때 쓰는 종조사입니다. 혼잣말이기 때문에 반말에만 붙는 것이 특징입니다. 상대방이 '～な'를 사용하여 말을 한다면 그냥 '혼잣말을 하는구나' 하고 생각하면 됩니다. 자신의 희망이나 의지를 나타낼 때는 말 끝을 'なぁ…'와 같이 늘여 말하기도 합니다.

Ⓐ **結構(けっこう)難(むずか)しいな。** 꽤 어렵네.

WORD

宿題(しゅくだい) 숙제 | **ページ** 페이지(쪽) | **～まで** ~까지 | **結構(けっこう)** 꽤 | **難(むずか)しい** 어렵다

05 ~(な)の ~이야?

상대방에게 질문할 때 쓰는 종조사입니다. 반말에 사용할 수 있으며 말 끝을 올려서 말합니다. 또한 명사나 な형용사가 오면 'の' 앞에 'な'가 들어가게 됩니다. 남녀 모두 사용할 수 있지만 여성들이 좀 더 많이 사용하는 편입니다.

Ⓐ **今日(きょう)、休(やす)みなの**(↗)。 오늘 쉬는 날이야?

Ⓑ **ううん、出勤(しゅっきん)するよ**。 아니, 출근해.

06 ~のか ~거야?

마찬가지로 상대방에게 질문할 때 쓰는 종조사입니다. '~(な)の'와 동일한 뜻으로, 반말에 사용할 수 있습니다. 그러나 '~のか'는 주로 남성들이 사용하는 표현이며 좀 더 강한 뉘앙스가 됩니다.

Ⓐ **一緒(いっしょ)に行(い)かないのか**。 같이 안 갈 거야?

Ⓑ **うん、行(い)かないよ**。 응, 안 갈래.

WORD

休(やす)み 쉬는 날, 휴일 | **出勤(しゅっきん)する** 출근하다 | **一緒(いっしょ)に** 같이, 함께 | **行(い)く** 가다

07 ～だろ ~이지?

상대방에게 확인하여 물을 때 쓰는 종조사입니다. 반말에 사용할 수 있으며 말 끝을 올려서 말합니다. 주로 남성들이 사용하는 표현이며 여성들은 비슷한 표현인 '～でしょ' 쪽을 사용하는 편입니다.

Ⓐ **また間違(まちが)った**だろ(↗)。 또 틀렸지?

Ⓑ **うん、ごめん**。 응, 미안.

08 ～かい ~을래?

상대방에게 의문을 가지거나 확인하는 의미로 사용하는 종조사입니다. 반말에 사용할 수 있으며 말 끝을 올려서 말합니다. 또한 상대방에게 다소 강하게 재촉하는 표현으로도 사용하며 주로 남성들이 사용합니다.

Ⓐ **早(はや)く返事(へんじ)をしてくれない**かい(↗)。 빨리 대답해주지 않을래?

Ⓑ **あ、すみません**。 아, 죄송합니다.

WORD

また 또 | **間違(まちが)う** 틀리다 | **ごめん** 미안 | **早(はや)い** 이르다, 빠르다 | **返事(へんじ)** 대답, 답장 | **すみません** 죄송합니다

09 ～じゃん ~이잖아

상대방에게 자신의 의견을 주장할 때 쓰는 종조사입니다. 반말에 사용할 수 있으며 '～じゃない'와 동일한 뜻이지만 회화에서는 주로 젊은 사람들이 '～じゃん'을 사용합니다.

Ⓐ **これ、面白い(おもしろ)じゃん！** 이거 재미있잖아!

Ⓑ **うん、そうだね。** 응, 그러네.

10 ～さ ~이야, ~이지

자신의 판단이나 주장을 나타내는 종조사입니다. 반말에 사용할 수 있으며 '～よ'와 같이 조금 강한 표현입니다. 때로는 스스로 포기하는 듯한 뉘앙스가 될 수도 있으니 주의하는 것이 좋습니다.

Ⓐ **もう、心配(しんぱい)することはないさ。** 이제 걱정할 필요는 없어.

Ⓑ **うん、うまくいくよね。** 응, 잘 되겠지.

WORD

面白い(おもしろ) 재미있다 | **もう** 이제 | **心配する(しんぱい)** 걱정하다 | ~**ことはない** ~할 필요는 없다 | **うまくいく** 잘 되다

11 ～ぜ ~하자, ~하거든

상대방에게 자신의 의견을 말할 때나 강한 의지를 나타낼 때 강조의 의미로 쓰는 종조사입니다. 반말에 사용하며, 주로 남성들이 사용하는 표현이므로 여성들은 사용하지 않는 것이 좋습니다.

Ⓐ **また会(あ)おうぜ。** 또 만나자.

Ⓑ **うん、元気(げんき)でね。** 응, 잘 지내.

12 ～ぞ ~하자, ~할 테다

스스로 강한 의지를 나타낼 때 강조의 의미로 쓰는 종조사입니다. 혼자 다짐을 할 때 쓰기 때문에 반말에 붙으며 주로 남성들이 사용합니다.

Ⓐ **よし、行(い)くぞ！** 좋아, 가자!

WORD

会(あ)う 만나다 | **元気(げんき)だ** 건강하다 | **よし** 좋아, 자

13 ~(だ)わ ~이야, ~이네

자신이 느끼는 감정을 표현할 때 쓰는 종조사입니다. 명사나 な형용사가 오면 'わ' 앞에 'だ'가 들어가게 됩니다. 반말에 사용하며, 주로 여성들이 사용하는 표현입니다.

Ⓐ **とても素敵(すてき)だわ。** 아주 멋져.

Ⓑ **うん、確(たし)かに。** 응, 확실히.

14 ~かしら ~일까?, ~려나?

의문을 나타내거나 상대방에게 에둘러 희망을 표현하는 종조사입니다. 주로 혼잣말을 할 때 쓰기 때문에 반말에 붙으며, 여성들이 사용하는 표현입니다.

Ⓐ **彼(かれ)が戻(もど)ってくるかしら。** 그가 돌아오려나?

WORD

とても 아주 | **素敵(すてき)だ** 멋지다 | **確(たし)かに** 확실히 | **彼(かれ)** 그, 남자친구 | **戻(もど)ってくる** 돌아오다

15 ～かな ~일까?, ~려나?

자신의 불안해하는 마음을 나타내거나 의지를 확인할 때 쓰는 종조사입니다. 주로 혼잣말을 할 때 쓰기 때문에 상대방이 이 말을 한다면 그냥 '혼잣말을 하는구나' 하고 생각하면 됩니다.

Ⓐ **うまくできる**かな…。 잘 할 수 있을까…?

16 ～っけ ~이었나?, ~이던가?

알고 있는 사실에 대해서 확실히 기억이 나지 않을 때 혹은 상대방에게 다시 한번 확인할 때 사용하는 종조사입니다. 반말과 존댓말에 사용할 수 있습니다.

Ⓐ **今日(きょう)、月曜日(げつようび)だ**っけ。 오늘 월요일이었나?

Ⓑ **そうだよ**。 맞아.

WORD

うまく 잘 | **できる** 할 수 있다 | **月曜日(げつようび)** 월요일

POINT 002 축약형

01 の → ん

반말을 사용하는 친밀한 관계의 사람과 대화할 때, 'の'를 'ん'으로 뭉개는 느낌으로 축약하여 말합니다.

Ⓐ **もう会(あ)わないの**(↗)。 이제 안 만나?

Ⓑ **うん、もういいんだ**。 응, 이제 됐어.

02 ~る → ~ん

반말을 사용하는 친밀한 관계의 사람과 대화할 때, 동사 어미인 'る'를 'ん'으로 뭉개는 느낌으로 축약하여 말합니다.

Ⓐ **またゲームすんの**(↗)。 또 게임해?

Ⓑ **ちょっとだけだよ**。 조금만이야.

WORD

もう 이제 | **会(あ)う** 만나다 | **いい** 좋다, 됐다 | **また** 또 | **ゲームする** 게임하다 | **ちょっとだけ** 조금만

03 ～ては(では) ➜ ～ちゃ(じゃ)

'~하면', '~해서는'이라는 뜻의 '～ては(では)'는 일반적인 관계나 친밀한 관계의 사람과 대화할 때, '～ちゃ(じゃ)'로 축약하여 말합니다.

Ⓐ **壊(こわ)しちゃダメでしょ。** 망가뜨리면 안 되죠.

Ⓑ **すみません。気(き)を付(つ)けます。** 죄송합니다. 조심할게요.

04 ～てしまう(でしまう) ➜ ～ちゃう(じゃう)

'~해 버리다'라는 뜻의 '～てしまう(でしまう)'는 반말을 사용하는 친밀한 관계의 사람과 대화할 때, '～ちゃう(じゃう)'로 축약하여 말합니다.

Ⓐ **いつの間(ま)にか好(す)きになっちゃった。** 어느 샌가 좋아하게 돼 버렸어.

Ⓑ **恋(こい)って、そんなもんだよね。** 사랑이란 다 그런 거지.

WORD

壊(こわ)す 망가뜨리다 | **ダメだ** 안 되다 | **すみません** 죄송합니다 | **気(き)を付(つ)ける** 조심하다 | **いつの間(ま)にか** 어느 샌가 | **好(す)きだ** 좋아하다 | **～になる** ~하게 되다 | **恋(こい)** 사랑 | **～って** ~은/는

05 ~ている → ~てる

'~하고 있다'라는 뜻의 '~ている'는 일반적인 관계나 친한 관계의 사람과 대화할 때, 'い'가 생략이 되어 '~てる'로 축약하여 말합니다.

Ⓐ **何してるの(↗)。** 뭐 하고 있어?

Ⓑ **動画見てるの。** 동영상 보고 있어.

06 ~ていては → ~てては(てちゃ)

'~하고 있으면'이라는 뜻의 '~ていては'는 일반적인 관계나 친한 관계의 사람과 대화할 때, 'い'가 생략되기도 하고 뒷부분의 '~ては'도 '~ちゃ'로 축약하여 말합니다.

Ⓐ **泣いてちゃ分からないよ。** 울고 있으면 모른다고.

Ⓑ **だって…。** 그렇지만….

WORD

何 무엇 | **する** 하다 | **動画** 동영상 | **見る** 보다 | **泣く** 울다 | **分からない** 모르다 | **だって** 그렇지만, 왜냐하면

07 ～てもいい → ～ていい

'~해도 된다'라는 뜻의 '～てもいい'는 일반적인 관계나 친한 관계의 사람과 대화할 때, 'も'가 생략이 되어 '～ていい'로 축약하여 말합니다.

Ⓐ **先に帰っ**ていい(↗)。 먼저 돌아가도 돼?

Ⓑ **うん、いいよ。** 응, 괜찮아.

08 ～ておく → ～とく

'~해 두다', '~해 놓다'라는 뜻의 '～ておく'는 일반적인 관계나 친한 관계의 사람과 대화할 때, '～とく'로 축약하여 말합니다.

Ⓐ **明日のパーティーの準備し**とく**ね。** 내일 파티 준비해 둘게.

Ⓑ **あ！ありがとう。** 아! 고마워.

WORD

先に 먼저 | **帰る** 돌아가다 | **明日** 내일 | **パーティー** 파티 | **準備する** 준비하다 | **ありがとう** 고마워

09 ~です → ~っす

'~입니다'라는 뜻의 '~です'는 친밀한 관계의 사람과 대화할 때, '~っす'로 축약하여 말합니다. 주로 젊은 사람, 특히 남성들이 사용하며 동조를 나타내는 종조사 'ね'와 함께 사용합니다.

Ⓐ **ここから近(ちか)いっすね。** 여기서 가깝네요.

Ⓑ **そうっすね。** 그러네요.

10 ~と, ~は → ~って

'~라고'라는 뜻의 '~と'나 '~은/는'이란 뜻의 '~は'와 같은 조사는 일반적인 관계나 친한 관계의 사람과 대화할 때, '~って'로 축약하여 말합니다.

Ⓐ **新(あたら)しいケータイって、どれ(↗)。** 새 휴대 전화는 어떤 거야?

Ⓑ **これだよ。** 이거야.

WORD

ここから 여기에서 | **近(ちか)い** 가깝다 | **新(あたら)しい** 새롭다 | **ケータイ** 휴대 전화 | **どれ** 어느 것 | **これ** 이것

11 ～なければ → ～なきゃ

'~해야(한다)'라는 뜻의 '～なければ'는 일반적인 관계나 친한 관계의 사람과 대화할 때, '～なきゃ'로 축약하여 말합니다.

Ⓐ **もっと頑張(がんば)らなきゃ。** 더 열심히 해야지.

Ⓑ **ファイト！** 파이팅!

12 ～ところ → ～とこ

'~하는 중'이라는 뜻의 '～ところ'는 일반적인 관계나 친한 관계의 사람과 대화할 때, 'とこ'로 축약하여 말합니다.

Ⓐ **ねぇ、出発(しゅっぱつ)した(↗)。** 저기, 출발했어?

Ⓑ **今(いま)、出掛(でか)けるとこだよ。** 지금 나가는 중이야.

WORD

もっと 더 | **頑張(がんば)る** 열심히 하다 | **ファイト** 파이팅 | **出発(しゅっぱつ)する** 출발하다 |
今(いま) 지금 | **出掛(でか)ける** 나가다, 외출하다

POINT
003 감탄사

あ！	아!	놀라거나 갑자기 생각이 떠올랐을 때 사용하며 가볍게 긍정을 나타낼 때도 사용할 수 있습니다.
あぁ〜。	아아~.	상대방의 말에 동조할 때 사용하며 예상치 못한 상황에 처했을 때도 사용할 수 있습니다.
あら！	어머나.	무엇인가를 눈치채거나 예상 못하는 일이 일어나서 놀랐을 때 사용합니다. 의문이 들었을 때도 사용할 수 있으며 주로 여성들이 사용합니다.
うぇっ！	으악!	다소 징그러운 것을 봤거나 굉장히 놀라서 기분이 좋지 않을 때 사용합니다.
えぇ〜！	네~. 어어~?	끝을 내려 말하면 상대의 말에 동의를 나타내는 표현이고, 짧고 강하게 발음하면 굉장히 놀랐을 때 사용할 수 있습니다.
えっ？	어? 엇?	뜻밖의 상대방의 말에 의아하게 생각하거나 당황했을 때 사용하며 가벼운 의심이 들어 되물을 때도 사용할 수 있습니다.
おぉ！	오~!	예상치 못한 상황에서 그것에 대해 놀라며 대단하다고 느낄 때 사용합니다. 상대방의 말에 강한 긍정을 나타낼 때도 사용할 수 있습니다.

ねぇ。	**저기.** **있잖아.**	누군가에게 말을 걸거나 이야기를 꺼낼 때 상대방의 주의를 끌기 위해 사용합니다.
はぁ。	**하아~.** **뭐~?**	끝을 내려 말하면 약간 한숨을 쉬는 표현이고, 짧고 강하게 발음하면 상대방의 말이 어이없거나 잘 이해되지 않아 되물을 때 사용할 수 있습니다.
ふぅ~。	**후우….**	힘든 일을 마친 후 한숨 돌릴 때 사용합니다. 혹은 감동했을 때나 어처구니 없을 때도 사용할 수 있습니다.
ふーん。	**흐음~.**	상대방의 말을 이해하거나 공감할 때 사용합니다. 약간의 의심을 가졌을 때도 사용할 수 있습니다.
へぇ~。	**우와~.** **음~.**	상대방의 말에 놀라거나 감탄할 때 사용합니다. 일본어 감탄사의 대표적인 표현 중 하나입니다.
もう!	**아, 정말!** **진짜~.**	상대방의 말이 어이없거나 이해할 수 없어 강조할 때 사용합니다. 약간 짧고 강하게 발음하는 것이 자연스럽습니다.
わぁ~!	**우와~!**	상대방의 말이나 행동, 혹은 어떤 상황에 대해 놀라거나 기뻐할 때 사용합니다.

POINT 004

신조어

アカ	계정	‘アカウント(계정)’의 준말로 SNS의 계정을 의미합니다. 앞에 ‘カギ(열쇠)’를 붙인 ‘カギアカ’는 ‘비밀계정’을 말합니다.
友達リクエスト	친구신청	‘友達(친구)’와 ‘リクエスト(요청)’의 합성어로 SNS에서 친구 관계를 맺도록 요청하는 것을 의미합니다.
自撮り	셀카	‘自分で(스스로)’와 ‘撮る(찍다)’의 합성어로 셀카를 의미합니다. ‘셀카봉’은 ‘自撮り棒’라고 합니다.
トップ画	프사	‘トップ画像(상단 사진)’의 준말로 각종 SNS에서 쓰이는 프로필 사진을 의미합니다.
インスタ映え	인스타각	‘インスタグラム(인스타그램)’과 ‘写真映え(사진발)’의 합성어로 인스타에 올릴 만한 사진을 의미합니다.
既読·既読無視(スルー)	읽음·읽씹	‘既読’는 메시지를 확인하였다는 의미이며, ‘既読無視(スルー)’는 메시지를 확인하고 답변하지 않는 것을 의미합니다.
未読·未読無視(スルー)	읽지 않음·안 읽씹	‘未読’는 아직 메시지를 확인하지 않았다는 의미이며, ‘未読無視 (スルー)’는 메시지를 의도적으로 확인하지 않고 답변하지 않는 것을 의미합니다.
グルチャ	그룹채팅	‘グループ(그룹)’과 ‘チャット(채팅)’의 합성어로 복수의 사람들과 함께 채팅하는 것을 의미합니다.
個チャ	1:1채팅	‘個人(개인)’ 혹은 ‘個別(개별)’와 ‘チャット(채팅)’의 합성어로 1:1로 메시지를 주고받는 것을 의미합니다.

ガラケー	피처폰	'ガラパゴス(갈라파고스)'와 'ケータイ(휴대 전화)'의 합성어로 갈라파고스 섬처럼 폐쇄적인 휴대 전화를 의미합니다.
ゆるキャラ	지방 캐릭터	'緩い(느긋하다)'와 'キャラクター(캐릭터)'의 합성어로 어딘지 어리바리하고 순진해 보이는 지역, 기업, 단체 등의 대표 캐릭터를 의미합니다.
かまちょ	놀아 줘, 관심 좀	'構う(상관하다)'와 '頂戴(해 줘)'의 합성어로 자신에게 관심을 보여 달라고 하는 것을 의미합니다.
ワンチャン	가능성 있음	'One chance'의 준말로 어쩌면 가능성이 있을 지도 모르므로 한 번의 기회를 노린다는 것을 의미합니다.
おけまる	OK	'OK(オッケー)'와 구두점인 '。(まる)'의 합성어로 귀엽게 알겠다고 말하는 것을 의미합니다.
りょ	ㅇㅋ	'了解(알겠어)'의 준말로 소위 'ㅇㅇ', 'ㅇㅋ'를 의미합니다. 보통 온라인 상에서 많이 씁니다.
つらたん	괴로워	'辛い(괴롭다)'와 귀여운 느낌을 주는 어미 'たん'의 합성어로 괴로운 상태를 애교있게 말하는 것을 의미합니다.
ディスる	디스하다	어떤 사람에 대한 무례, 결례를 뜻하는 'disrespect'가 그대로 동사화 되어 모욕한다는 것을 의미합니다.
豆腐メンタル	두부멘탈	'豆腐(두부)'와 'メンタル(멘탈, 정신력)'의 합성어로 두부와 같이 깨지기 쉬운 정신력을 의미합니다.
草不可避	매우 재미있다	한국의 'ㅋ'에 해당하는 'W'를 연속해서 쓰면 모양이 마치 잡초처럼 보인다 하여 '草'라고 하고, 웃음을 참을 수 없다 하여 '不可避(불가피)'가 합쳐져 만들어진 표현입니다.

일본어 자판의 입력 방법을 배워서 스마트폰으로 자유롭게 대화해 봅시다.

쿼티(qwerty) 자판 일본어 문자를 로마자로 입력하여 space bar를 눌러 변환하는 방법

촉음 「っ」는 촉음 뒤에 오는 자음을 두 번 입력하면 되는데, 촉음 자체만 쓰고 싶을 때는 つ [tu] 앞에 [x]만 붙여주면 됩니다. 발음 「ん」은 [n]으로 입력하고, 발음 자체만 쓰고 싶을 때는 [n]을 두 번 입력하면 됩니다.

㊞ **こんばんは**(안녕하세요) = [ko]+[n]+[ba]+[n]+[ha]
やっぱり(역시) = [ya]+[p]+[pa]+[ri]

가나(仮名) 자판 일본어 문자를 'フリック入力'라는 입력 방식으로 입력하는 방법

「お」를 입력하고 싶을 때는 「あ」를 한 번 누른 후 사방으로 あ행의 글자가 퍼지면, ↓ 방향(お방향)으로 슥 그어주기만 하면 됩니다. 촉음과 요음은 원하는 글자를 입력한 후 아래 하단의 [小]를 한 번 입력하면 되고, 탁음과 반탁음은 [小]를 한 번 누르면 [゛], 두 번 누르면 [゜]이 됩니다. 발음 「ん」과 조사 「を」는 [わ]를 눌러 해당하는 글자의 방향으로 그어주면 됩니다.

㊞ **こんばんは**(안녕하세요) = [**か**↓]+[**わ**↑]+[**は**]+[**小**x1]+[**わ**↑]+[**は**]
やっぱり(역시) = [**や**]+[**た**↑]+[**小**]+[**は**↑]+[**小**x2]+[**ら**←]

인사 표현

우리가 일상 속에서 가장 먼저, 그리고 하루를 보내며 가장 마지막에 하는 게 사람과 인사를 나누는 일 같습니다. 회화에서 기본이 되고 중요하게 생각하는 부분이기도 하지요. 일본어에서는 다양한 인사 표현이 있는데요. 어떠한 표현들이 있는지 알아봅시다.

- Pattern 001 **おはようございます。** 안녕하세요.
- Pattern 002 **こんにちは。** 안녕하세요.
- Pattern 003 **こんばんは。** 안녕하세요.
- Pattern 004 **どうも。** 안녕하세요.
- Pattern 005 **すみません。** 실례합니다.
- Pattern 006 **お久しぶりです。** 오랜만이에요.
- Pattern 007 **お元気でしたか。** 잘 지냈어요?
- Pattern 008 **お変わりないですか。** 별일 없으세요?
- Pattern 009 **お疲れ様です。** 수고하세요.
- Pattern 010 **ご苦労様です。** 고생이 많으십니다.

PATTERN 001

Track 001

おはようございます。

안녕하세요.

일본어로 'おはようございます'는 기본 인사 중에서 아침에 쓰는 인사말입니다. 일반적으로 아침에 쓰지만 업종에 따라서는 저녁에도 쓰기도 하고 하루 종일 쓰는 경우도 있습니다. 그리고 실제 회화에서는 끝부분을 'まーす'처럼 조금 길게 발음하기도 하지만 비즈니스에서 만나는 사람 또는 윗사람에게 인사를 할 때는 길게 하지 않고 정확하게 발음하는 것이 좋습니다.

01 네이티브 따라잡기

 경어를 사용해야 하는 상대에게	**おはようございます。** 안녕하세요.
 일반적인 관계인 상대에게	
 친밀한 관계인 상대에게	**おはよう。** 안녕? **おは。** 안녕? (좀 더 친한 친구 사이) **おっす。** 안녕? (주로 남자들이 쓰는 말 ※아침, 낮, 저녁 상관 없이 사용함)

02 예문으로 알아보기

おはようございます。今日(きょう)はいい天気(てんき)ですね。
안녕하세요. 오늘은 날씨가 좋네요.

おはようございまーす。
コーヒーでも一杯(いっぱい)どうですか。
안녕하세요. 커피라도 한잔 어때요?

おはよう。今日(きょう)も頑張(がんば)ろう。
안녕? 오늘도 열심히 하자.

WORD

今日(きょう) 오늘

いい 좋다

天気(てんき) 날씨

コーヒー 커피

~でも ~이라도

一杯(いっぱい) 한잔

頑張(がんば)る 열심히 하다

03 일본인과 대화하기

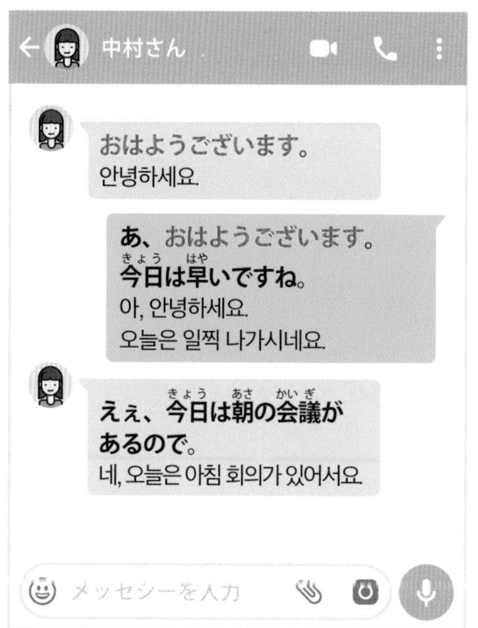

中村さん
おはようございます。
안녕하세요.
あ、おはようございます。
今日(きょう)は早(はや)いですね。
아, 안녕하세요.
오늘은 일찍 나가시네요.
ええ、今日(きょう)は朝(あさ)の会議(かいぎ)があるので。
네, 오늘은 아침 회의가 있어서요.
メッセシーを入力

WORD

早(はや)い 이르다, 빠르다

ええ 네

朝(あさ) 아침

会議(かいぎ) 회의

TIP

早(はや)いですね

'早(はや)い'는 '이르다, 빠르다'라는 뜻이지만 '早(はや)いですね'라고 하면 보통 '일찍 나가시네요'란 뜻으로 사용합니다.

PATTERN 002

Track 002 

こんにちは。

안녕하세요.

일본어의 기본 인사 중 낮에 쓰는 인사말입니다. 주로 점심 때부터 해 지기 전까지 이 인사말을 사용하는 것이 일반적입니다. 'こんにちは'는 원래 '오늘은'이란 뜻으로, 낮에 사람들을 만나 안부를 묻는 것에서 지금의 인사말이 되었답니다. 끝 부분의 'は'는 'わ'와 같은 발음으로 소리를 내며 끝을 올려서 말하면 더욱 자연스러운 억양이 된다는 것도 알아두시면 좋습니다.

01 네이티브 따라잡기

경어를 사용해야 하는 상대에게	**こんにちは。** 안녕하세요.
일반적인 관계인 상대에게	**こんにちは。** 안녕하세요. **こんちは。** 안녕하세요. (좀 더 친한 사이) **どうも。** 안녕하세요. (좀 더 친한 사이)
친밀한 관계인 상대에게	**お疲(つか)れ。** 안녕? (친한 친구나 회사 동료 사이) **おっす。** 안녕? (주로 남자들이 쓰는 말 ※아침, 낮, 저녁 상관 없이 사용함)

Bonus 한국에서는 인사말로 '식사하셨어요?'라는 말을 자주 사용하지만 일본에서는 잘 쓰지 않습니다.

02 예문으로 알아보기

こんにちは。お昼(ひる)ですか。

안녕하세요. 점심시간이에요?

こんちは。宅急便(たっきゅうびん)です。

안녕하세요. 택배입니다.

お疲(つか)れ。今日(きょう)、仕事(しごと)何時(なんじ)まで(↗)。

안녕? 오늘 몇 시까지 일해?

WORD

お昼(ひる) 점심(점심시간, 점심밥 등 다양한 뜻으로 사용할 수 있음)

宅急便(たっきゅうびん) 택배

仕事(しごと) 일

何時(なんじ) 몇 시

~まで ~까지

03 일본인과 대화하기

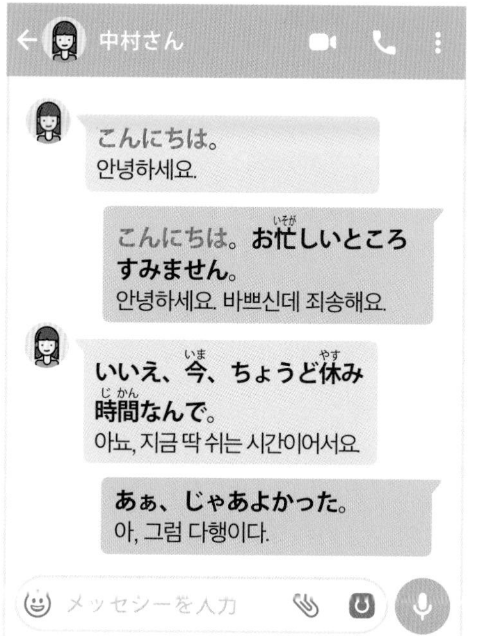

WORD

お 존중의 의미로 붙이는 접두어

忙(いそが)しい 바쁘다

今(いま) 지금

ちょうど 딱, 마침

休(やす)み時間(じかん) 쉬는 시간

よかった 다행이다, 잘됐다

TIP

お忙(いそが)しいところすみません

예의를 갖춰서 하는 말이며, 직접 만났을 때뿐만 아니라 전화통화에서도 자주 사용하는 표현입니다.

Track 003

PATTERN 003 こんばんは。

안녕하세요.

일본어의 기본 인사 중 저녁 또는 밤에 쓰는 인사말입니다. 보통 해 질 녘부터 밤 늦은 시간까지 이 인사를 사용합니다. 'こんばんは'는 원래 '오늘 밤은'이란 뜻으로, 밤에 만나서 서로의 안부를 묻거나 오늘 밤에 대해서 이야기를 하는 것에서 지금의 인사말이 되었답니다. 또한 낮 인사 'こんにちは'와 동일하게 끝 부분의 'は'는 'わ'와 같이 발음하며 끝을 올리는 것이 좋습니다.

01 네이티브 따라잡기

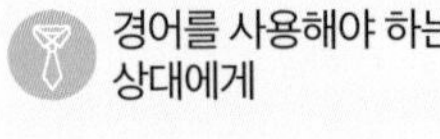

경어를 사용해야 하는 상대에게	**こんばんは。** 안녕하세요.
 일반적인 관계인 상대에게	**こんばんは。** 안녕하세요. **どうも。** 안녕하세요. (좀 더 친한 사이)
친밀한 관계인 상대에게	**お疲(つか)れ。** 안녕? (친한 친구나 회사 동료 사이) **おっす。** 안녕? (주로 남자들이 쓰는 말 ※아침, 낮, 저녁 상관 없이 사용함)

02 예문으로 알아보기

こんばんは。今、お帰りですか。
안녕하세요. 지금 퇴근하는 길이에요?

こんばんは。今日も残業ですか。
안녕하세요. 오늘도 야근이에요?

おっす。夕飯でも一緒にどう(↗)。
안녕? 저녁밥이라도 같이 어때?

WORD

残業 야근(잔업)

夕飯 저녁밥('夕ご飯', '夜ご飯' 등도 저녁밥이라는 말로 많이 쓰임)

一緒に 같이, 함께

TIP

(お)帰り

'帰り'는 돌아가는 길, 즉 귀갓길을 뜻하며 퇴근이나 퇴근길을 일컫는 경우가 많습니다.

03 일본인과 대화하기

田中さん
こんばんは。
안녕하세요.
夜分遅くにすみません。
밤 늦게 죄송합니다.
いいえ。いつも帰りが遅いですね。
아뇨. 항상 퇴근이 늦으시네요.
メッセージを入力

WORD

夜分 밤, 밤중

いつも 항상

遅い 늦다

TIP

夜分遅くにすみません

이 표현은 밤에만 사용할 수 있으며 직접 방문하거나 전화를 걸 때 상대방에게 양해를 구하는 의미에서 하는 말입니다.

Track 004 

PATTERN 004

どうも。
안녕하세요.

'どうも'는 아침, 낮, 저녁 상관 없이 '안녕하세요'란 말 대신 쓰는 인사말입니다. 그러나 이 인사는 조금 가볍게 하는 표현이기 때문에 비즈니스상에서나 특히 윗사람에게는 사용하지 않는 것이 좋으며, 대신 앞에서 배운 일반적인 인사를 사용하면 됩니다. 보통 조금 편한 사이나 자주 만나는 사이에서는 형식적인 인사 대신 이 인사를 하는 경우가 많습니다.

01 네이티브 따라잡기

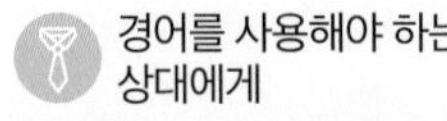

경어를 사용해야 하는 상대에게	**おはようございます。** 안녕하세요. (아침 인사) **こんにちは。** 안녕하세요. (낮 인사)
일반적인 관계인 상대에게	**こんばんは。** 안녕하세요. (저녁 인사) **どうも。** 안녕하세요. (좀 더 친한 사이)
친밀한 관계인 상대에게	(사용하지 않음)

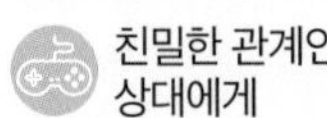

02 예문으로 알아보기

どうも。最近(さいきん)、お忙(いそが)しいですか。

안녕하세요. 요즘 바쁘세요?

どうも。また会(あ)いましたね。

안녕하세요. 또 만났네요.

あ、どうもどうも。

아, 안녕하세요!

WORD

最近(さいきん) 최근, 요즘

また 또

会(あ)う 만나다

TIP

どうもどうも

조금 편한 사이나 자주 만나는 사이에서 특별히 반가울 때 두 번 반복하여 쓰는 경우도 있습니다.

03 일본인과 대화하기

吉田くん
今日(きょう)は、お休(やす)みですか。
오늘은 쉬는 날이에요?
あっ、どうも。今日(きょう)は、休暇(きゅうか)なんです。
앗, 안녕하세요. 오늘은 휴가예요.
あぁ~、そうなんですね。
아~, 그렇군요.
メッセージを入力

WORD

(お)休(やす)み 쉬는 날

休暇(きゅうか) 휴가

TIP

~んです

'~이에요, ~이거든요'라고 강조하여 회화에서 많이 사용하며 'です'보다 더 자연스러운 표현입니다.

PATTERN 005

Track 005 

すみません。

실례합니다.

'すみません'은 다양한 뜻이 있는데 그 중에서 '실례합니다'란 뜻으로 자주 사용합니다. 회화에서는 좀 더 발음하기 편하게 'すいません'이라고 말하는 경우도 많습니다. 이 표현은 보통 상대방에게 양해를 구하거나 식당 등에서 주문할 때 혹은 길을 물을 때 '여기요'나 '저기요'와 같이 대화의 물꼬를 트는 표현으로 쓸 수 있습니다.

01 네이티브 따라잡기

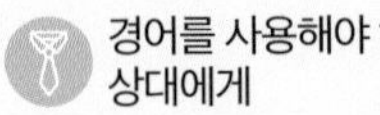 경어를 사용해야 하는 상대에게	**失礼(しつれい)いたします。** 실례하겠습니다. (가장 예의 바른 표현) **失礼(しつれい)します。** 실례하겠습니다.
일반적인 관계인 상대에게	**すみません。** 실례합니다, 여기요, 저기요.
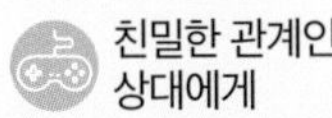 친밀한 관계인 상대에게	**すいません。** 실례해요. (친하지만 존댓말을 쓰는 사이)

02 예문으로 알아보기

ちょっと失礼(しつれい)します。

잠깐 실례하겠습니다.

すみません。注文(ちゅうもん)お願(ねが)いします。

여기요. 주문할게요.

すいません。ちょっと時間(じかん)ありますか。

실례해요. 잠깐 시간 있어요?

WORD

ちょっと 잠깐, 조금

注文(ちゅうもん) 주문

お願(ねが)いします 부탁드려요

時間(じかん) 시간

TIP

注文(ちゅうもん)お願(ねが)いします

우리말 '주문할게요'와 같이 주문할 때 가장 쉽게 쓸 수 있는 표현입니다.

03 일본인과 대화하기

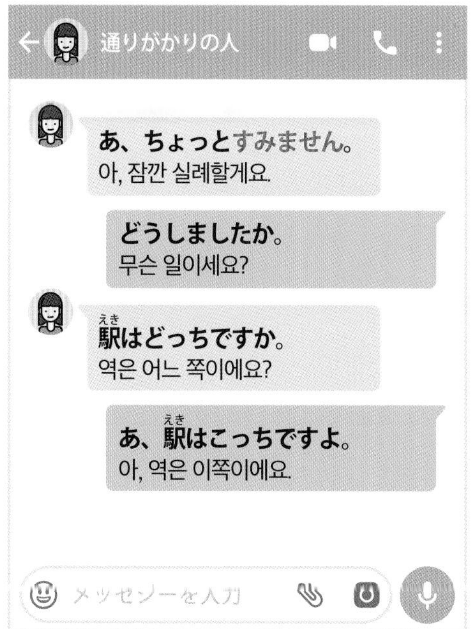

通りがかりの人
あ、ちょっとすみません。
아, 잠깐 실례할게요.
どうしましたか。
무슨 일이세요?
駅(えき)はどっちですか。
역은 어느 쪽이에요?
あ、駅(えき)はこっちですよ。
아, 역은 이쪽이에요.
メッセージを入力

WORD

通(とお)りがかりの人(ひと) 지나가던 사람

駅(えき) 역

どっち 어느 쪽

こっち 이쪽

TIP

どうしましたか

무슨 일인지 물을 때 가장 많이 사용하는 표현입니다.

Track 006 

お久(ひさ)しぶりです。

오랜만이에요.

상대방과 오랜만에 만났을 때 쓰는 표현입니다. 앞부분의 'お'는 존중의 의미로 붙이는 접두어인데, 조금 편한 사이에서는 'お'를 생략하여 '久(ひさ)しぶりです'라고 하기도 합니다. 비즈니스에서 만나는 사이, 특히 윗사람에게는 이 표현을 쓰지 않도록 주의하는 것이 좋으며 친한 사이에서는 'です'를 생략하여 반말로 '(お)久(ひさ)しぶり'라고 합니다.

경어를 사용해야 하는 상대에게	**ご無沙汰(ぶさた)しております。** 오랜만에 뵙습니다.
일반적인 관계인 상대에게	**お久(ひさ)しぶりです。** 오랜만이에요. **久(ひさ)しぶりです。** 오랜만이에요. (좀 더 친한 사이)
친밀한 관계인 상대에게	**お久(ひさ)しぶり。** 오랜만이야. **久(ひさ)しぶり。** 오랜만. (친한 친구 사이)

02 예문으로 알아보기

社長(しゃちょう)、ご無沙汰(ぶさた)しております。
사장님, 오랜만에 뵙습니다.

お久(ひさ)しぶりですね。
오랜만이네요.

わぁ~、すごく久(ひさ)しぶりだね。
우와~, 엄청 오랜만이네.

WORD

社長(しゃちょう) 사장(님)

すごく 대단히, 엄청, 아주

03 일본인과 대화하기

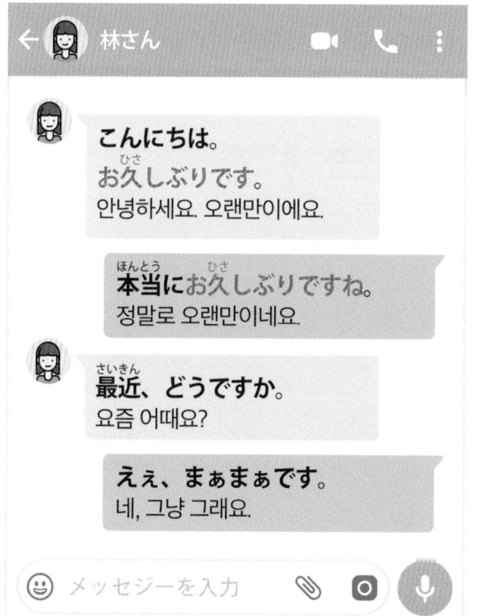

林さん
こんにちは。
お久(ひさ)しぶりです。
안녕하세요. 오랜만이에요.
本当(ほんとう)にお久(ひさ)しぶりですね。
정말로 오랜만이네요.
最近(さいきん)、どうですか。
요즘 어때요?
ええ、まぁまぁです。
네, 그냥 그래요.
メッセジーを入力

WORD

本当(ほんとう)に 정말, 정말로

ええ 네

まぁまぁだ 그저 그렇다, 그냥 그렇다

TIP

まぁまぁ

중립적인 대답을 할 때 사용합니다. 잘하지도 못하지도 않은 경우, 또는 좋지도 싫지도 않은 경우에 쓰는 표현입니다.

PATTERN 007

Track 007

お元気(げんき)でしたか。

잘 지냈어요?

상대방과 오랜만에 만났을 때 가장 자주 사용하는 표현입니다. '元気(げんき)だ'는 '건강하다'란 뜻이 있어서 '건강하셨어요?'라고 해석할 수도 있습니다. 앞부분의 'お'는 존중의 의미로 붙이는 접두어로, 생략할 수도 있지만 붙이는 것이 좋습니다. 'お元気(げんき)ですか(잘 지내요?)'라고도 할 수 있으며 만났을 때뿐만 아니라 전화로 안부를 물을 때도 쓸 수 있습니다.

01 네이티브 따라잡기

경어를 사용해야 하는 상대에게	**お元気(げんき)でいらっしゃいましたか。** 안녕히 지내셨어요?
일반적인 관계인 상대에게	**お元気(げんき)でしたか。** 잘 지냈어요? **元気(げんき)でしたか。** 잘 지냈어요? (좀 더 친한 사이)
친밀한 관계인 상대에게	**元気(げんき)だった(↗)。** 잘 지냈어?

Bonus '元気(げんき)だった(↗)'는 말 끝을 올려 묻는 것이 자연스럽습니다.

02 예문으로 알아보기

先生(せんせい)、お元気(げんき)でいらっしゃいましたか。
선생님, 안녕히 지내셨어요?

お元気(げんき)でしたか。何年(なんねん)ぶりでしょうか。
잘 지내셨어요? 몇 년 만일까요?

久(ひさ)しぶり~。元気(げんき)だった(↗)。
오랜만이야~. 잘 지냈어?

WORD

先生(せんせい) 선생님
何年(なんねん) 몇 년
~ぶり ~만에

TIP

久(ひさ)しぶり
'お元気(げんき)でしたか'는 보통 오랜만에 만났을 때 안부를 묻는 표현이기 때문에 '오랜만이에요'와 함께 쓰이는 경우가 많습니다.

03 일본인과 대화하기

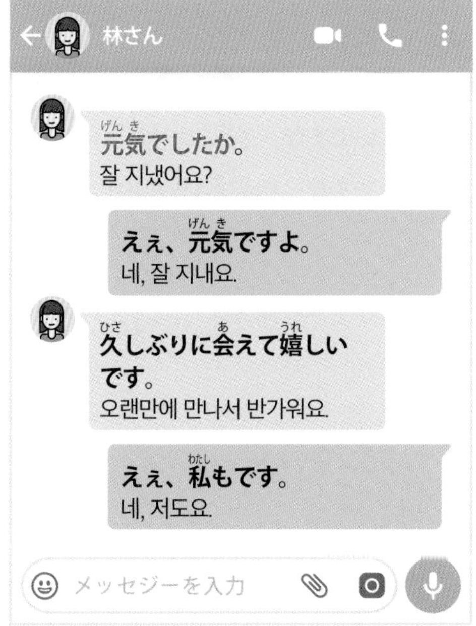

林さん
元気(げんき)でしたか。
잘 지냈어요?
えぇ、元気(げんき)ですよ。
네, 잘 지내요.
久(ひさ)しぶりに会(あ)えて嬉(うれ)しいです。
오랜만에 만나서 반가워요.
えぇ、私(わたし)もです。
네, 저도요.
メッセジーを入力

WORD

久(ひさ)しぶりに 오랜만에
会(あ)う 만나다
嬉(うれ)しい 기쁘다

TIP

会(あ)えて嬉(うれ)しいです
직역하면 '만날 수 있어서 기뻐요'이며, 우리말로 '만나서 반가워요'란 뜻으로 주로 쓰는 표현입니다.

PATTERN 008

お変(か)わりないですか。

별일 없으세요?

Track 008

상대방과 오랜만에 만났을 때 안부를 묻는 표현입니다. 앞부분의 'お'는 존중의 의미로 붙이는 접두어로 생략할 수 있습니다. '変(か)わりない'는 '변함 없다, 별일 없다'란 뜻으로, 즉 '변함 없으세요?' 혹은 '별일 없으세요?'라고 안부를 물을 때 많이 쓰입니다. 일본에서도 한국에서처럼 누군가를 오랜만에 만났을 때는 주로 별일 없이 잘 지냈는지 묻는 것이 일반적이랍니다.

01 네이티브 따라잡기

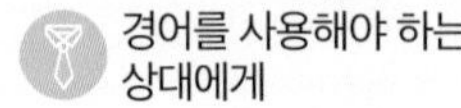

경어를 사용해야 하는 상대에게

お変(か)わりありませんか。 별일 없으세요?

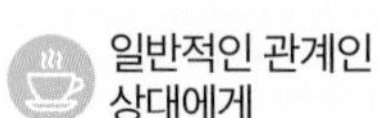

일반적인 관계인 상대에게

お変(か)わりないですか。 별일 없으세요?

変(か)わりないですか。 별일 없어요?
(좀 더 친한 사이)

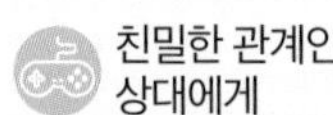

친밀한 관계인 상대에게

変(か)わりない(↗)。 별일 없어?

Bonus 부정문인 '~ありません'과 '~ないです'는 동일한 의미이지만 '~ありません' 쪽이 보다 정중하고 격식을 차리는 느낌입니다.

02 예문으로 알아보기

最近、お変わりありませんか。

요즘 별일 없으세요?

お忙しそうですけど、お変わりないですか。

바쁘신 것 같은데, 별일 없으세요?

変わりない(↗)。**仕事**はどう(↗)。

별일 없어? 일은 어때?

WORD

最近 최근, 요즘

忙しそうだ 바쁜 것 같다

仕事 일

03 일본인과 대화하기

WORD

相変わらず 여전하다, 변함 없다

ご 존중의 의미로 붙이는 접두어

家族 가족

みんな 모두

元気だ 건강하다

TIP

相変わらず

이전과 전혀 변함없이 똑같다는 의미로, '相も変わらず'라고 강조하여 표현하기도 합니다. 그러나 이 경우는 조롱, 놀림의 의미가 내포되어 있으니 조심해야 합니다.

Track 009 

お疲(つか)れ様(さま)です。

수고하세요.

'수고하세요'란 의미로 쓰는 표현입니다. 이 표현은 같은 직장 내에서는 위, 아래 관계 상관 없이 사용할 수 있으며 '수고하셨습니다'라고 할 때는 'お疲(つか)れ様(さま)でした'처럼 과거 표현으로 말하면 됩니다. 그리고 이 표현에서는 존중의 의미로 붙인 'お'를 다른 표현들과 다르게 생략할 수 없고 꼭 붙여야 한다는 점을 주의해야 합니다.

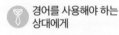

경어를 사용해야 하는 상대에게	**お疲(つか)れ様(さま)です。** 수고하십니다.
일반적인 관계인 상대에게	**お疲(つか)れ様(さま)です。** 수고하세요. **お疲(つか)れです。** 수고하세요. (좀 더 친한 사이)
친밀한 관계인 상대에게	**お疲(つか)れ様(さま)。** 수고해. **お疲(つか)れさん。** 수고해. (친하지만 존대말을 쓰는 사이 ※윗사람이 아랫사람에게만 사용) **お疲(つか)れ。** 수고. (친한 친구나 회사 동료 사이)

02 예문으로 알아보기

今日(きょう)も一日(いちにち)、お疲(つか)れ様(さま)です。

오늘 하루도 수고하세요.

お疲(つか)れです。お先(さき)に失礼(しつれい)します。

수고하세요. 먼저 실례하겠습니다.

お疲(つか)れ。じゃあ、また明日(あした)。

수고~. 그럼, 내일 또 봐.

WORD

一日(いちにち) 하루

先(さき)に 먼저

失礼(しつれい)します 실례합니다

じゃあ 그럼, 그러면

また 또

明日(あした) 내일

TIP

また明日(あした)

평소에 자주 보는 사이에서 헤어질 때 가장 많이 쓰는 인사말입니다.

03 일본인과 대화하기

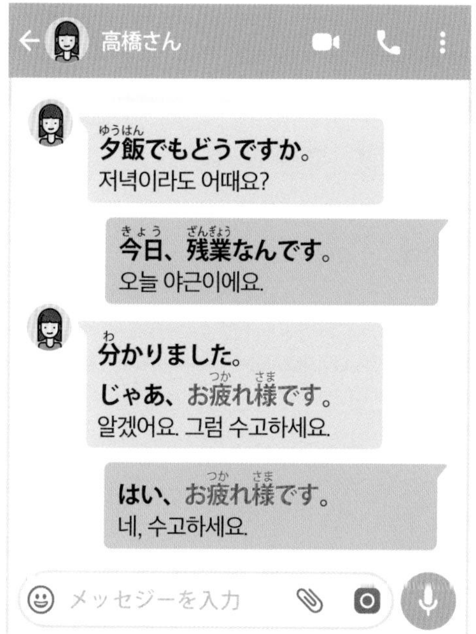

高橋さん
夕飯(ゆうはん)でもどうですか。
저녁이라도 어때요?
今日(きょう)、残業(ざんぎょう)なんです。
오늘 야근이에요.
分(わ)かりました。
じゃあ、お疲(つか)れ様(さま)です。
알겠어요. 그럼 수고하세요.
はい、お疲(つか)れ様(さま)です。
네, 수고하세요.
メッセジーを入力

WORD

~でも ~라도

残業(ざんぎょう) 야근(잔업)

分(わ)かる 알다

TIP

分(わ)かりました

'分(わ)かる'의 정중한 과거형의 형태이지만 '알겠습니다'라고 상대방의 말을 듣고 이해했을 때 대답하는 표현으로 많이 쓰입니다.

Track 010

ご苦労様(くろうさま)です。

고생이 많으십니다.

이 표현은 '고생하십니다'와 같은 의미로 쓰입니다. 'ご'는 존중의 의미로 붙이는 접두어이며 생략할 수 없고, '苦労(くろう)'는 '고생'이란 뜻으로 나에게 직간접적으로 이익을 가져다 준 노동이나 직업에 종사한 사람에게 감사하는 의미로 쓰는 경우가 많습니다. '고생했다, 잘했다' 등의 의미가 포함이 되어 있어서 윗사람에게 쓰게 되면 실례가 된다는 점을 주의해야 합니다.

01 네이티브 따라잡기

경어를 사용해야 하는 상대에게	(사용할 수 없음)
일반적인 관계인 상대에게	**ご苦労様(くろうさま)です。** 고생이 많으십니다.
친밀한 관계인 상대에게	**ご苦労様(くろうさま)。** 수고해.

Bonus 'ご苦労様(くろうさま)'는 '봉사'라는 뉘앙스가 동반되기 때문에 윗사람이 아랫사람에게 사용하는 경향이 강합니다.

02 예문으로 알아보기

いつもご苦労様です。
항상 고생이 많으십니다.

今日も、配達ご苦労様です。
오늘도 배달하시느라 고생이 많으십니다.

ご苦労様。じゃあ、後は頼むね。
수고해. 그럼 나머지는 부탁할게.

WORD

配達 배달
後 나머지, 뒷일
頼む 부탁하다

TIP

~ね

보통 동조의 의미로 사용하지만 여기서는 동사 기본형과 연결이 되며 '~할게'란 의미로 쓰입니다.

03 일본인과 대화하기

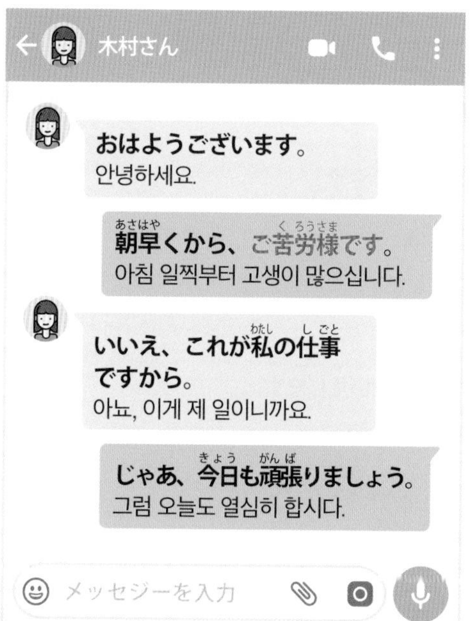

木村さん
おはようございます。
안녕하세요.
朝早くから、ご苦労様です。
아침 일찍부터 고생이 많으십니다.
いいえ、これが私の仕事ですから。
아뇨, 이게 제 일이니까요.
じゃあ、今日も頑張りましょう。
그럼 오늘도 열심히 합시다.
メッセジーを入力

WORD

朝早く 아침 일찍
~から ~부터, ~이니까
これ 이것
頑張る 열심히 하다
~ましょう ~합시다

TIP

~ですから

'です(~입니다)+から(~이니까)'는 우리말 '~이니까요'로 회화에서 자주 사용하는 표현입니다.

일본 현지에서 쏙쏙 들리는 필수 표현을 익혀봅시다.

기내/공항에서

1. **ご用(よう)の際(さい)は、お気軽(きがる)にお声掛(こえか)けください。**
   용건이 있으신 경우에는 편하게 불러 주시길 바랍니다.

2. **当機(とうき)は、まもなく離陸(りりく)いたします。**
   본 항공기는 곧 이륙하겠습니다.

3. **ごゆっくりお寛(くつろ)ぎください。**
   편히 쉬십시오.

4. **化粧室(けしょうしつ)の使用(しよう)はお控(ひか)えください。**
   화장실 사용은 삼가 주십시오.

5. **シートベルトをしっかりとお締(し)めください。**
   좌석벨트를 제대로 착용해 주시기 바랍니다.

6. **○○航空(こうくう)より、出発便(しゅっぱつびん)のお知(し)らせをいたします。**
   ○○항공에서 출발편 안내를 드립니다.

7. **只今(ただいま)、皆様(みなさま)を機内(きない)へご案内中(あんないちゅう)でございます。**
   지금 승객분들을 기내로 안내 중입니다.

8. **まもなく搭乗手続(とうじょうてつづ)きを終了(しゅうりょう)いたします。**
   곧 탑승 수속을 종료하겠습니다.

9. **○○よりご到着(とうちゃく)のお客様(きゃくさま)に、お知(し)らせいたします。**
   ○○에서 도착하신 손님에게 안내 말씀드립니다.

10. **お手荷物(てにもつ)のお間違(まちが)いのないよう、ご注意(ちゅうい)ください。**
    수하물을 잘못 가져가시지 않도록 주의 바랍니다.

맞장구와 호응 표현

일본어에서는 상대방의 말에 반응을 해 주는 맞장구 표현이 많이 있습니다.
'당신의 말을 잘 듣고 있어요'라는 느낌을 주면서 상대방을 배려하는 문화가 엿보이지요.
어떠한 대표적인 표현들이 있는지 알아봅시다.

Pattern 011 **そうです。** 그래요.

Pattern 012 **確(たし)かに。** 확실히.

Pattern 013 **なるほど。** 그렇군.

Pattern 014 **やっぱり。** 역시.

Pattern 015 **いい感(かん)じですね。** 느낌이 좋네요.

Pattern 016 **すごいですね。** 대단하네요.

Pattern 017 **やばいですよ。** 대박이에요.

Pattern 018 **本当(ほんとう)ですか。** 정말이에요?

Pattern 019 **まさか。** 설마.

Pattern 020 **あり得(う)ないです。** 말도 안 돼요.

Track 011 

PATTERN 011

そうです。
그래요.

상대방의 말에 반응을 해 주는 맞장구 표현 중에서 가장 대표적인 표현이 'そうです'입니다. 'そうです'는 보통 한국어의 '맞아요' 등의 의미로도 쓸 수 있습니다. 그런데 'そうです'라고만 하면 약간 딱딱한 뉘앙스가 되기 때문에 'そうですね(그러네요)'처럼 말 끝에 'ね'를 붙여서 쓰는 경우가 많습니다.

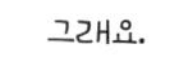

01 네이티브 따라잡기

경어를 사용해야 하는 상대에게	左様(さよう)でございます。 그렇습니다.
일반적인 관계인 상대에게	そうです。 그래요. そうですね。 그러네요.
친밀한 관계인 상대에게	ですよね。 그렇죠. (친하지만 존댓말을 쓰는 사이) そだね。 그렇지. だよね。 그렇지.

02 예문으로 알아보기

はい、左様(さよう)でございます。

네, 그렇습니다.

やっぱり、そうですね。

역시 그러네요.

そだね。**それがいいよね。**

그렇지. 그게 낫겠지.

WORD

やっぱり 역시

それ 그것

いい 좋다, 낫다, 괜찮다

03 일본인과 대화하기

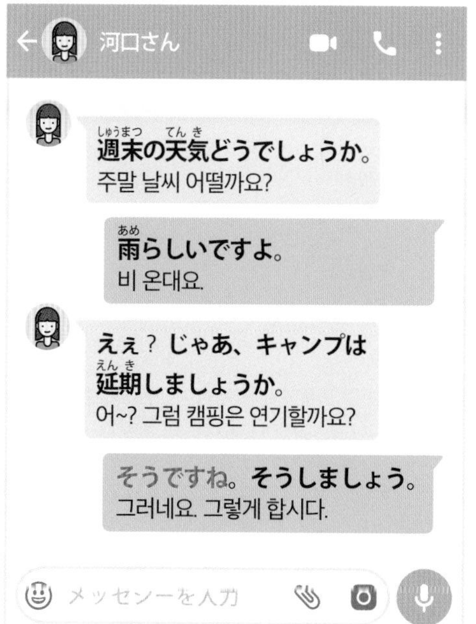

河口さん
週末(しゅうまつ)の天気(てんき)どうでしょうか。
주말 날씨 어떨까요?
雨(あめ)らしいですよ。
비 온대요.
えぇ？じゃあ、キャンプは延期(えんき)しましょうか。
어~? 그럼 캠핑은 연기할까요?
そうですね。そうしましょう。
그러네요. 그렇게 합시다.
メッセージを入力

WORD

週末(しゅうまつ) 주말

天気(てんき) 날씨

~でしょうか ~일까요?

雨(あめ) 비

キャンプ 캠핑

延期(えんき)する 연기하다

~ましょうか ~할까요?

~ましょう ~합시다

TIP

~らしい

'~라고 한다'라는 뜻으로 각 품사 보통형에 접속합니다. 전해 들은 정보를 통해 추측하는 표현입니다.

PATTERN

012 確かに。

Track 012

확실히.

이 표현은 상대방의 말에 동조하거나 확실함을 느꼈을 때 쓰는 표현입니다. 그러나 '確か'라고 하면 '내 기억에 의하면'이라는 다소 내용이 불확실한 뉘앙스가 되고, '確かに'라고 하면 '제대로 조사한 바로는'이라는 자신감이 붙은 뉘앙스가 되어서 뒤에 단정적인 표현이 오게 됩니다. 그리고 '確かに'는 정중한 표현이 아니므로 뒤에 다른 표현과 함께 사용해야 합니다.

경어를 사용해야 하는 상대에게	**確かに。** 확실히. (確かに 뒤에 다른 표현을 함께 쓰는 것이 좋음)
일반적인 관계인 상대에게	**確かに。** 확실히.
친밀한 관계인 상대에게	**確かに。** 확실히. **間違いない。** 틀림없어. (좀 더 강한 표현)

02 예문으로 알아보기

確(たし)かに、その通(とお)りです。

확실히 그렇고 말고요.

確(たし)かに。間違(まちが)いないですよ。

확실히. 틀림없어요.

えぇ~、確(たし)かにね。

어~, 확실하네.

WORD

その通(とお)り 그대로

間違(まちが)いない 틀림없다

TIP

その通(とお)りです

원래 뜻은 '그대로입니다'이지만 회화에서는 보통 '그렇습니다', '그렇고 말고요' 등으로 해석할 수 있습니다.

03 일본인과 대화하기

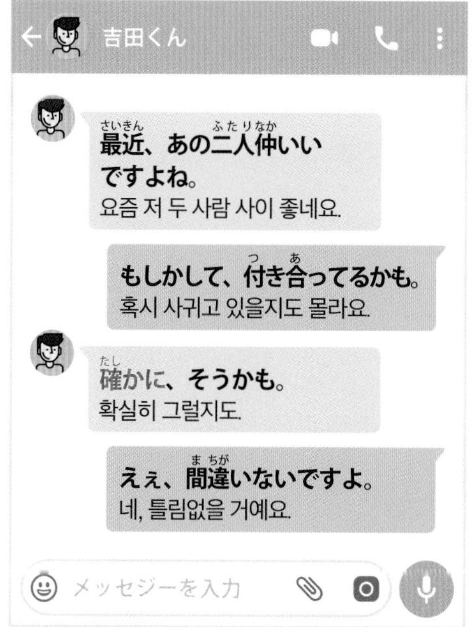

WORD

二人(ふたり) 두 사람, 두 명

もしかして 혹시

付(つ)き合(あ)う 사귀다

~**かも** ~일(할)지도 (모른다)

TIP

仲(なか)(が)いい

'사이가 좋다'라는 표현이며 조사 'が'를 생략할 수도 있습니다.

PATTERN 013

Track 013 

なるほど。

그렇군.

'なるほど'는 상대방의 말에 맞장구를 칠 때 가장 많이 쓰는 표현입니다. 특히 일본어에서는 맞장구를 자주 치는 편이라서 중간에 반복적으로 쓰는 경우도 있습니다. 또 이 표현은 정중한 표현이 아니므로 윗사람에게 말할 때 주의해야 합니다. 간혹 'なるほどですね'처럼 말하는 사람이 많지만, 이 표현은 문법상 틀린 표현이기 때문에 'おっしゃる通(とお)りです'라고 하는 것이 좋습니다.

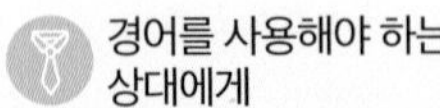

01 네이티브 따라잡기

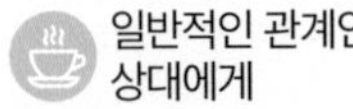

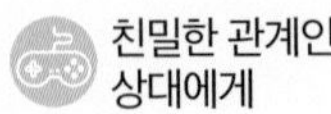

경어를 사용해야 하는 상대에게	**おっしゃる通(とお)りです。** 말씀하신 대로입니다.
일반적인 관계인 상대에게	**なるほど。** 그렇군.
친밀한 관계인 상대에게	**なるほどね。** 그렇구나.

02 예문으로 알아보기

さすが、おっしゃる通(とお)りです。
역시 말씀하신 대로입니다.

なるほど。それはいいアイディアですね。
그렇군. 그건 좋은 아이디어네요.

へぇ~、なるほどね。すごい。
오~, 그렇구나. 대단해.

WORD

さすが 역시

アイディア 아이디어

すごい 대단하다, 굉장하다

03 일본인과 대화하기

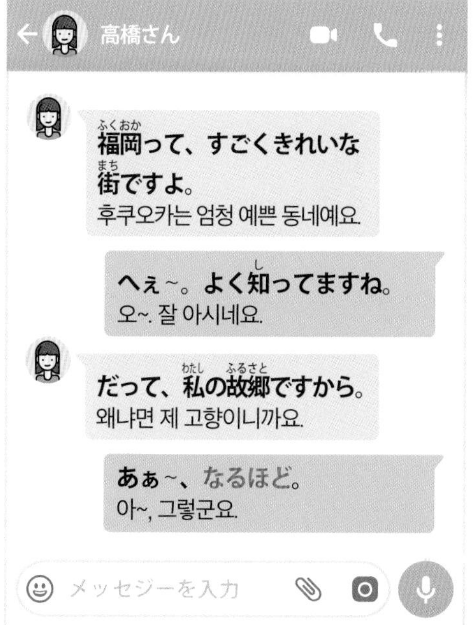

高橋さん
福岡(ふくおか)って、すごくきれいな街(まち)ですよ。
후쿠오카는 엄청 예쁜 동네예요.
へぇ~。よく知(し)ってますね。
오~. 잘 아시네요.
だって、私(わたし)の故郷(ふるさと)ですから。
왜냐면 제 고향이니까요.
あぁ~、なるほど。
아~, 그렇군요.
メッセジーを入力

WORD

福岡(ふくおか) 후쿠오카(지명)

すごく 대단히, 엄청, 아주

きれいだ 예쁘다, 깨끗하다

街(まち) 동네, 거리

よく 잘

知(し)る 알다

だって 왜냐하면

故郷(ふるさと) 고향

TIP

すごく

'대단하다, 굉장하다'라는 뜻의 형용사 'すごい'를 부사 형태로 바꾸어 'すごく'라고 하면 '대단히, 엄청, 아주'라는 뜻으로 형용사나 동사를 꾸며줄 때 자주 사용합니다.

PATTERN 014

やっぱり。

역시.

Track 014

이 표현은 동조할 때 쓰지만 부정적인 내용으로도 많이 사용합니다. 같은 의미인 'やはり'는 비즈니스 관계로 만나는 사람 사이에서는 자주 씁니다. 그러나 일반적인 회화에서는 'やっぱり'를 쓰는 경우가 대부분이며 'やはり'보다 강조하는 의미도 있습니다. 그리고 'やっぱり'는 정중한 표현이 아니므로 존댓말을 쓰는 경우에는 뒤에 다른 표현과 함께 사용해야 합니다.

01 네이티브 따라잡기

경어를 사용해야 하는 상대에게	**やはり。** 역시. (やはり 뒤에 다른 표현을 함께 쓰는 것이 좋음)
일반적인 관계인 상대에게	**やっぱり。** 역시.
친밀한 관계인 상대에게	**やっぱり。** 역시. **やっぱ。** 역시.

02 예문으로 알아보기

やはり、その話(はなし)は嘘(うそ)でした。
역시 그 이야기는 거짓말이었어요.

やっぱり、行(い)かないことにしました。
역시 안 가기로 했어요.

やっぱ、おいしいよ。
역시 맛있어.

WORD

話(はなし) 이야기, 말
嘘(うそ) 거짓말
行(い)く 가다
~ことにする ~하기로 하다
おいしい 맛있다

03 일본인과 대화하기

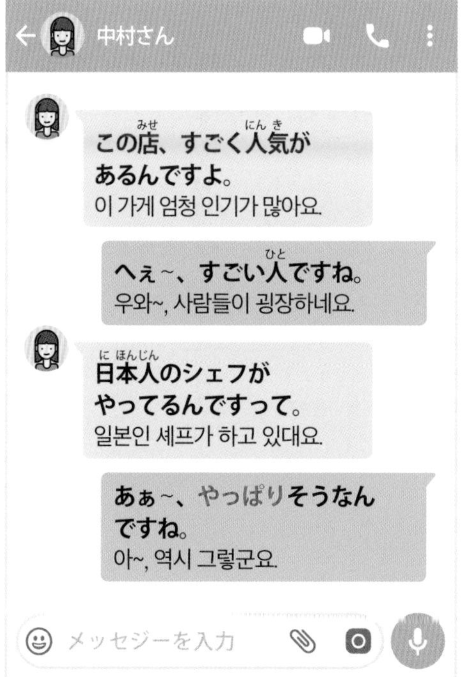

中村さん
この店(みせ)、すごく人気(にんき)があるんですよ。
이 가게 엄청 인기가 많아요.
へぇ~、すごい人(ひと)ですね。
우와~, 사람들이 굉장하네요.
日本人(にほんじん)のシェフがやってるんですって。
일본인 셰프가 하고 있대요.
あぁ~、やっぱりそうなんですね。
아~, 역시 그렇군요.
メッセジーを入力

WORD

店(みせ) 가게
人気(にんき)がある 인기가 많다
日本人(にほんじん) 일본인
シェフ 셰프

TIP

人気(にんき)がある

'인기가 많다'라는 뜻을 일본어로 표현할 때 직역하여 '人気(にんき)が多(おお)い'라고 하지 않는다는 점에 주의해야 합니다.

PATTERN 015

Track 015

いい感(かん)じですね。

느낌이 좋네요.

이 표현은 상대방의 말에 동조하며 칭찬할 때 일반적으로 사용하는 표현입니다. 그러나 비즈니스상에서 윗사람에게 말할 경우에는 적절하지 않으므로 'すばらしいですね'와 같은 표현을 사용하는 것이 좋습니다. 또한 친한 사이에서 쓰는 'いい感(かん)じ'는 직역하면 '좋은 느낌'이지만 한국어의 '느낌이 좋다'라는 뜻으로 사용하면 됩니다.

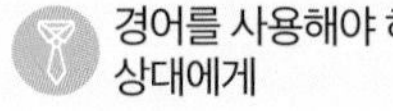 경어를 사용해야 하는 상대에게	**すばらしいですね。** 훌륭하네요.
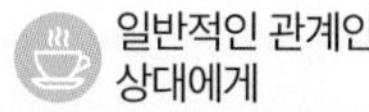 일반적인 관계인 상대에게	**いい感(かん)じですね。** 느낌이 좋네요.
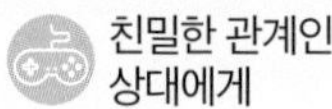 친밀한 관계인 상대에게	**いい感(かん)じ。** 느낌이 좋아.

Bonus 'すばらしい'는 '훌륭하다, 근사하다, 멋지다' 등의 뜻을 가진 형용사입니다.

02 예문으로 알아보기

この作品(さくひん)、すばらしいですね。
이 작품 훌륭하네요.

アイディアが、なかなかいい感(かん)じですね。
아이디어가 꽤 느낌이 좋네요.

その髪型(かみがた)、いい感(かん)じだね。
그 헤어스타일 느낌 좋네.

WORD

作品(さくひん) 작품
アイディア 아이디어
なかなか 상당히, 꽤
髪型(かみがた) 헤어스타일

03 일본인과 대화하기

マッちゃん
これ、食(た)べてみて。
이거 먹어 봐.
うん、おいしいよ。
응, 맛있어.
よかった。
다행이다.
すごくいい感(かん)じ！
아주 느낌이 좋아!
メッセジーを入力

WORD

食(た)べる 먹다
~てみる ~해 보다
おいしい 맛있다

TIP

よかった

'좋았다' 외에도 '다행이다', '잘됐다' 등 다양한 뜻으로 사용될 수 있습니다.

PATTERN 016

Track 016

すごいですね。

대단하네요.

감탄하거나 놀랐을 때 가장 많이 쓰는 표현입니다. 'すごい'는 '대단하다, 굉장하다'란 뜻인데 존댓말로 쓸 경우엔 'です'를 붙이며 끝에 'ね'도 함께 쓰는 것이 일반적입니다. 그러나 비즈니스상에서는 'すごいですね'보다 'すばらしいですね'라고 하는 것이 좋습니다. 그리고 감정에 따라 중간 발음을 길게 'すごーい'라고 말하는 경우도 많습니다.

01 네이티브 따라잡기

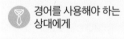

경어를 사용해야 하는 상대에게	**すばらしいですね。** 훌륭하네요.
일반적인 관계인 상대에게	**すごいですね。** 대단하네요.
친밀한 관계인 상대에게	**すごい。** 대단해. **すげぇ。** 대단해. (주로 남자들이 쓰는 말)

02 예문으로 알아보기

彼女の実力は、本当にすばらしいですね。

그녀의 실력은 정말 훌륭하네요.

一人で作ったなんて、すごいですね。

혼자서 만들었다니 대단하네요.

このケータイ、すごーい。

이 휴대 전화 대단해.

WORD

彼女 그녀

実力 실력

一人 혼자, 한 명

作る 만들다

~なんて ~하다니, ~이라니

TIP

ケータイ

휴대 전화는 '携帯電話'라고 하는데 앞 글자만 따서 'ケータイ'라고 가타카나로 표기하기도 합니다.

03 일본인과 대화하기

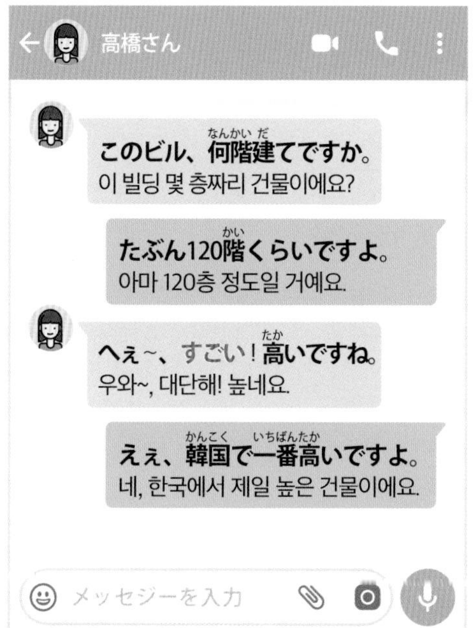

高橋さん
このビル、何階建てですか。
이 빌딩 몇 층짜리 건물이에요?
たぶん120階くらいですよ。
아마 120층 정도일 거예요.
へぇ~、すごい！高いですね。
우와~, 대단해! 높네요.
ええ、韓国で一番高いですよ。
네, 한국에서 제일 높은 건물이에요.
メッセジーを入力

WORD

ビル 빌딩

何階 몇 층

たぶん 아마

くらい 정도

高い 높다

一番 제일

TIP

~建て

'층짜리 건물'이라는 의미로 보통 건물의 높이를 말할 때 사용합니다.

PATTERN 017

Track 017 

やばいですよ。

대박이에요.

이 표현은 다양한 뜻으로 쓰이지만 특히 젊은 사람들 사이에서는 한국어의 '대박'처럼 굉장히 놀라거나 칭찬하는 뉘앙스로 쓸 수 있습니다. 또한 '큰일이에요'란 뜻으로도 사용합니다. 그러나 윗사람에게는 쓸 수 없다는 점을 주의해야 합니다. 만약 상대방이 윗사람인 경우엔 앞에서 배운 표현들과 마찬가지로 'すばらしいです'를 사용하면 됩니다.

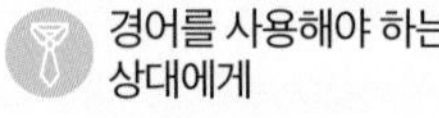

경어를 사용해야 하는 상대에게	**すばらしいです。** 훌륭합니다.
일반적인 관계인 상대에게	**やばいですよ。** 대박이에요.
친밀한 관계인 상대에게	**やばい。** 대박이야. **やべぇ。** 대박. (주로 남자들이 쓰는 말)

02 예문으로 알아보기

あそこの寿司(すし)は、すばらしいです。

저기 초밥은 훌륭해요.

沖縄(おきなわ)の海(うみ)は、やばいですよ。

오키나와 바다는 대박이에요.

このお店(みせ)、やばいよ。

이 가게 대박이야.

WORD

あそこ 저기

寿司(すし) 초밥

沖縄(おきなわ) 오키나와(지명)

海(うみ) 바다

お店(みせ) 가게

03 일본인과 대화하기

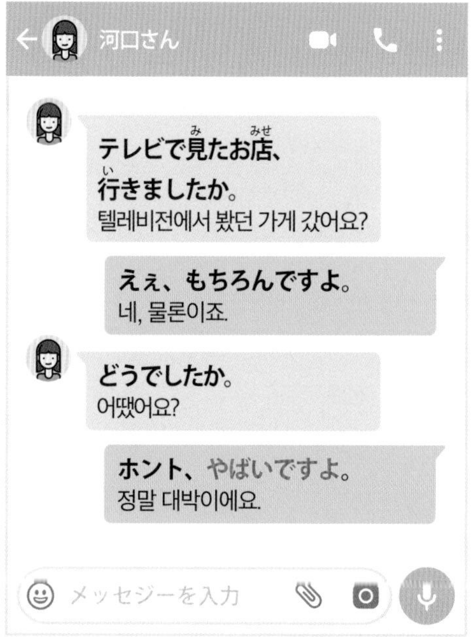

WORD

テレビ 텔레비전

見(み)る 보다

行(い)く 가다

もちろん 물론

ホント 정말

TIP

どうでしたか

상대방의 의견을 물을 때 주로 쓰는 표현이며 'どうですか(어떻습니까?)'의 과거 표현입니다.

PATTERN 018

本当(ほんとう)ですか。

정말이에요?

이 표현은 놀랐을 때 주로 쓰는 표현이지만 보통 기쁜 감정을 나타낼 때도 자주 사용합니다. 회화에서는 주로 '本当(ほんとう)'라고 하지 않고 'ほんと'라고 줄여서 쓰며 가타카나로 'ホント'라고 쓰기도 한답니다. 그리고 이 표현은 정중한 표현이기 때문에 상대방이 윗사람인 경우에 써도 문제는 없습니다. 친한 사이에서는 'マジで' 등을 사용할 수 있습니다.

01 네이티브 따라잡기

경어를 사용해야 하는 상대에게	**本当(ほんとう)ですか。** 정말입니까?
일반적인 관계인 상대에게	**本当(ほんとう)ですか。** 정말이에요? **ホントですか。** 정말이에요? (회화에서 가장 많이 사용하는 표현)
친밀한 관계인 상대에게	**ホントっすか。** 정말이에요? (친하지만 존댓말을 쓰는 사이 ※주로 남자들이 쓰는 말) **ホント(↗)。** 정말? **マジで(↗)。** 진짜로? **マジ(↗)。** 진짜?

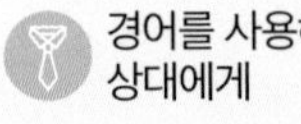

02 예문으로 알아보기

怪我(けが)したって、本当(ほんとう)ですか。

다쳤다는 거 정말이에요?

その話(はなし)、ホントですか。

그 이야기 정말이에요?

マジで最悪(さいあく)！

진짜 최악!

WORD

怪我(けが)する 다치다

~って ~라니, ~라는 거

話(はなし) 이야기, 말

最悪(さいあく) 최악

TIP

最悪(さいあく)와 **最低(さいてい)**

두 표현 모두 상대나 상황, 상태 등을 형편없다고 비난하거나 나무랄 때 사용하는 표현입니다.

03 일본인과 대화하기

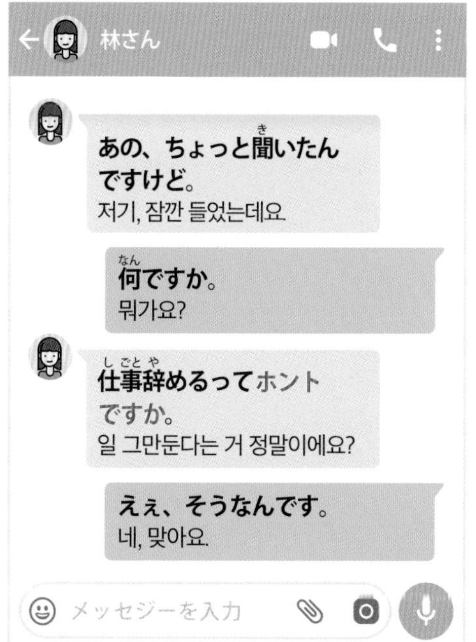

林さん
あの、ちょっと聞(き)いたんですけど。
저기, 잠깐 들었는데요.
何(なん)ですか。
뭐가요?
仕事(しごと)辞(や)めるってホントですか。
일 그만둔다는 거 정말이에요?
ええ、そうなんです。
네, 맞아요.
メッセジーを入力

WORD

ちょっと 잠깐, 조금

聞(き)く 듣다, 묻다

辞(や)める (일을) 그만두다

TIP

聞(き)いたんですけど

다른 데서 들은 내용을 주제로 화두를 던질 때 쓰는 말입니다.

PATTERN 019

まさか。

Track 019 

설마.

이 표현은 굉장히 놀란 감정을 나타낼 수 있으며 보통 '믿을 수 없다'는 뉘앙스로 사용하면 됩니다. 이 표현은 정중한 표현이 아니기 때문에 'まさか' 뒤에 다른 표현을 사용해야 합니다. 그리고 놀란 느낌을 강조하기 위해서 앞에 'えぇ'와 같은 감탄사도 함께 쓰며, 말 끝에 'ね'를 붙이면 상대방의 말에 동조하는 의미가 되기도 합니다.

01 네이티브 따라잡기

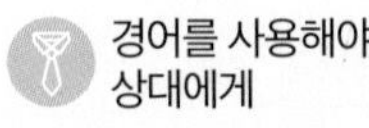 경어를 사용해야 하는 상대에게	**そんなはずありません。** 그럴 리 없습니다.
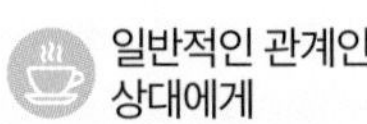 일반적인 관계인 상대에게	**そんなはずないです。** 그럴 리 없어요. **まさか。** 설마.
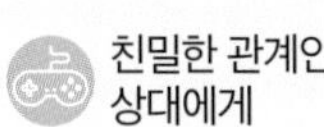 친밀한 관계인 상대에게	**まさか。** 설마. **まさかね。** 설마.

Bonus 이 표현은 주로 '嘘(うそ)(거짓말)'나 '信(しん)じられない(믿을 수 없어)'와 같은 표현을 이어서 씁니다.

02 예문으로 알아보기

彼が騙すなんて、そんなはずありません。

그 사람이 속이다니, 그럴 리 없습니다.

まさか、今日が締め切りですか。

설마 오늘이 마감이에요?

まさか、失くしたの(↗)。

설마 잃어버린 거야?

WORD

彼 그, 그 사람

騙す 속이다

締め切り 마감

失くす 잃어버리다

03 일본인과 대화하기

吉田くん
彼、宝くじ当たったんですって。
그 사람, 복권 당첨됐대요.
えぇ、まさか！
어~, 설마!
しかも、1等ですって。
게다가 1등이래요.
へぇ~、すごい！
우와~, 대단해!
メッセジーを入力

WORD

宝くじ 복권

当たる 당첨되다

~って ~대, ~래

1等 1등

TIP

しかも

'게다가'라는 의미로 어떤 내용을 덧붙여서 말할 때 쓰는 표현입니다. 비슷한 표현으로는 'それに', 'そのうえ' 등이 있습니다.

PATTERN 020

Track 020 

あり得(え)ないです。

말도 안 돼요.

이 표현은 의외의 사실을 알게 됐을 때 쓰는 표현입니다. 'あり得(え)ない'는 'あり得(え)る(있을 수 있다)'의 부정형으로 '있을 리가 없다, 가능성이 없다'라는 뜻으로 주로 쓰이는 말인데 한국어의 '말도 안 된다'처럼 사용할 수 있습니다. 그리고 뒤에 강조의 의미로 말 끝에 'よね', 'でしょ', 'よ' 등을 같이 사용하는 것이 자연스럽습니다.

01 네이티브 따라잡기

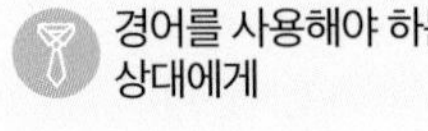 경어를 사용해야 하는 상대에게	あり得(え)ないです。 말도 안 돼요.
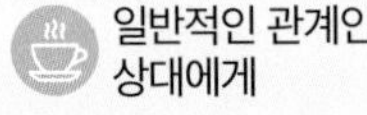 일반적인 관계인 상대에게	
친밀한 관계인 상대에게	あり得(え)ない。 말도 안 돼. あり得(え)ねぇ。 말도 안 돼. (주로 남자들이 쓰는 말)

02 예문으로 알아보기

やっぱりあり得ないですよね。
역시 말도 안 되죠.

いくらなんでも、あり得ないでしょ。
아무리 그래도 말도 안 돼요.

そんな事、あり得ないよ。
그런 건 말도 안 되지.

WORD

いくらなんでも 아무리 그래도
そんな 그런
事 것, 일

03 일본인과 대화하기

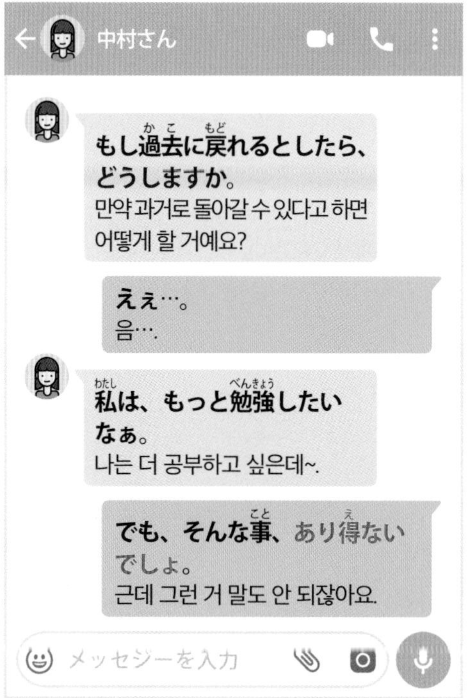

WORD

もし 만약
過去 과거
戻る 돌아가다
~としたら ~라고 하면
もっと 더
勉強する 공부하다
~たい ~하고 싶다
でも 근데, 하지만

TIP

戻る와 **帰る**

둘 다 '원래 있던 곳으로 다시 되돌아가다'라는 뜻이지만 '帰る'는 '완전히 돌아가다'라는 종결의 뉘앙스가 있으며 주로 집이나 고향, 고국 등과 쓰입니다.

생활 일본어

일본 현지에서 쏙쏙 들리는 필수 표현을 익혀봅시다.

대중교통에서

1. **まもなく○○番線(ばんせん)に○○行(ゆ)き列車(れっしゃ)が参(まい)ります。**

   곧 ○○번선 ○○행 열차가 들어옵니다.

2. **危(あぶ)ないですから、黄色(きいろ)い線(せん)の内側(うちがわ)までお下(さ)がりください。**

   위험하오니 노란 선 안쪽까지 물러나 주시기 바랍니다.

3. **ドアが閉(し)まります。ご注意(ちゅうい)ください。**

   문이 닫힙니다. 주의해 주십시오.

4. **まもなく発車(はっしゃ)いたします。**

   곧 출발합니다.

5. **次(つぎ)は○○、○○です。お出口(でぐち)は、右側(みぎがわ)(左側(ひだりがわ))です。**

   다음은 ○○, ○○역입니다. 내리실 문은 오른쪽(왼쪽)입니다.

6. **お忘(わす)れ物(もの)のないよう、ご注意(ちゅうい)ください。**

   두고 내리시는 물건이 없는지 다시 한번 확인하시기 바랍니다.

7. **○○線(せん)にお乗換(のりか)えの方(かた)は、次(つぎ)の駅(えき)でお降(お)りください。**

   ○○선으로 환승하시는 분께서는 이번 역에서 내려 주시기 바랍니다.

8. **この列車(れっしゃ)は各駅(かくえき)に止(と)まります。**

   이 열차는 모든 역에서 정차하는 일반열차입니다.

9. **発車(はっしゃ)までしばらくお待(ま)ちください。**

   출발할 때까지 잠시만 기다려 주십시오.

10. **お降(お)りの方(かた)は、お知(し)らせください。**

    내리시는 분께서는 알려주시기 바랍니다.

부탁과 허락 표현

일상생활을 하면서 다른 사람에게 부탁을 하거나 허락을 구하고, 혹은 허락을 하는 일 또한 많지요. 혼자 사는 세상이 아니기 때문에 꼭 필요한 표현인 것 같습니다. 그럼 이러한 표현들을 일본어로는 어떻게 말할 수 있는지 알아봅시다.

Pattern 021 **お願(ねが)いします。** 부탁드려요.

Pattern 022 ○○**てください。** ○○해 주세요.

Pattern 023 ○○**てもらえますか。** ○○해 주시겠어요?

Pattern 024 **そこを何(なん)とか…。** 그걸 어떻게 좀….

Pattern 025 **お手数(てすう)おかけします。** 수고를 끼칩니다.

Pattern 026 ○○**てもいいですか。** ○○해도 돼요?

Pattern 027 ○○**てはいけませんか。** ○○하면 안 됩니까?

Pattern 028 **どうぞ。** (어서) 하세요.

Pattern 029 ○○**ても構(かま)わないです。** ○○해도 돼요.

Pattern 030 ○○**なくてもいいです。** ○○하지 않아도 돼요.

PATTERN 021

Track 021 

お願(ねが)いします。

부탁드려요.

일본인들이 부탁할 때 가장 많이 쓰는 표현입니다. 'お願(ねが)いします'가 가장 일반적인 표현이지만 비슷한 표현으로 '頼(たの)みます'라고도 할 수 있으며 좀 더 간절히 바라는 뉘앙스가 됩니다. 또 격식을 차려 말해야 할 경우 'お願(ねが)いいたします'라고 하면 되고 친한 사이에서는 'お願(ねが)い'라고 하면 됩니다. 보통 앞에 'よろしく(잘)'와 함께 써서 'よろしくお願(ねが)いします(잘 부탁드립니다)'와 같이 씁니다.

01 네이티브 따라잡기

경어를 사용해야 하는 상대에게	**お願(ねが)いいたします。** 부탁드립니다.
일반적인 관계인 상대에게	**お願(ねが)いします。** 부탁드려요. **頼(たの)みます。** 부탁할게요.
친밀한 관계인 상대에게	**お願(ねが)い。** 부탁해. **お願(ねが)いね。** 부탁할게. **頼(たの)む。** 부탁해. (주로 남자들이 쓰는 말)

02 예문으로 알아보기

ご協力お願いいたします。

협조 부탁드립니다.

よろしくお願いします。

잘 부탁드려요.

明日までにお願いね。

내일까지 부탁할게.

WORD

協力 협조

明日 내일

~までに (적어도) ~까지

03 일본인과 대화하기

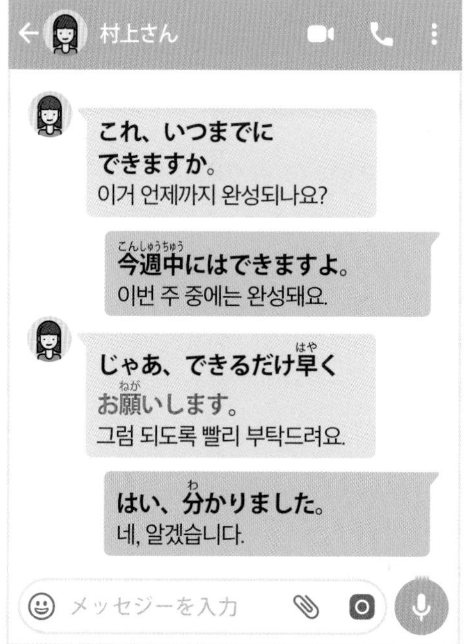

村上さん
これ、いつまでに
できますか。
이거 언제까지 완성되나요?
今週中にはできますよ。
이번 주 중에는 완성돼요.
じゃあ、できるだけ早く
お願いします。
그럼 되도록 빨리 부탁드려요.
はい、分かりました。
네, 알겠습니다.
メッセジーを入力

WORD

いつまでに (적어도) 언제까지

できる 완성되다

今週中 이번 주 중

できるだけ 되도록

早い 이르다, 빠르다

TIP

~までに

'まで'와 다르게 보통 언제까지라는 기한을 나타내는 표현이며 '적어도 ~까지'라고 기억해 두는 것이 좋습니다.

Track 022

PATTERN 022

○○てください。

○○해 주세요.

남에게 무엇인가를 해 달라고 부탁하는 가장 대표적인 표현입니다. 동사 て형에 접속해서 다양하게 표현할 수 있는데, 주의할 점은 남에게 요구하는 표현이기 때문에 비즈니스 관계나 손윗사람 등에게는 좀 더 정중하게 '○○ていただけますか'라고 하는 것이 좋습니다. 반대로 친한 사이에서는 동사의 て형태까지만 말해도 된답니다.

01 네이티브 따라잡기

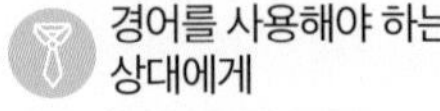

경어를 사용해야 하는 상대에게	○○**ていただけますか**。 ○○해 주시겠습니까?
일반적인 관계인 상대에게	○○**てください**。 ○○해 주세요.
친밀한 관계인 상대에게	○○**て**。 ○○해 줘.

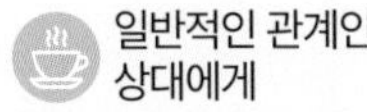

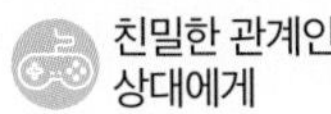

Bonus 한국어의 '~하세요'라는 권유나 요청의 뉘앙스로 사용하는 것도 알아 두세요.

02 예문으로 알아보기

書類(しょるい)を確認(かくにん)していただけますか。

서류를 확인해 주시겠습니까?

後(あと)で、連絡(れんらく)してください。

나중에 연락해 주세요.

ちょっとこれ見(み)て。

잠깐 이거 봐 (줘).

WORD

書類(しょるい) 서류

確認(かくにん)する 확인하다

後(あと)で 나중에

連絡(れんらく)する 연락하다

見(み)る 보다

TIP

後(あと)で

일본어로 '後(あと)で'라고 하면 '나중에'라고는 해도 되도록 빨리 그날 중을 일컫는 것이 일반적입니다.

03 일본인과 대화하기

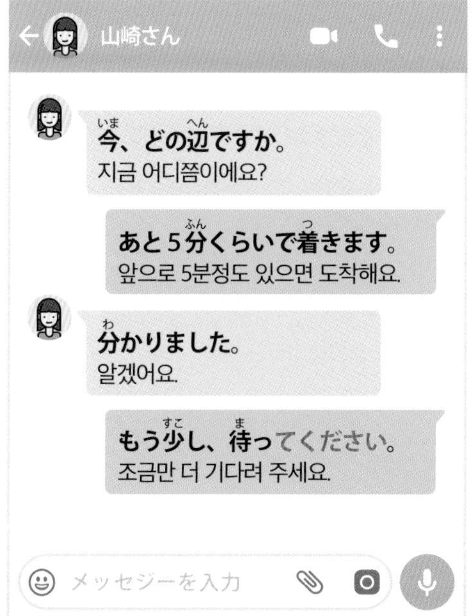

山崎さん
今(いま)、どの辺(へん)ですか。
지금 어디쯤이에요?
あと5分(ふん)くらいで着(つ)きます。
앞으로 5분정도 있으면 도착해요.
分(わ)かりました。
알겠어요.
もう少(すこ)し、待(ま)ってください。
조금만 더 기다려 주세요.
メッセジーを入力

WORD

どの辺(へん) 어디쯤

あと 앞으로, 아직

着(つ)く 도착하다

もう少(すこ)し 조금만 더

待(ま)つ 기다리다

TIP

着(つ)く

'着(つ)く'는 '도착하다'란 의미로 '到着(とうちゃく)する'보다 더 많이 쓰이는 동사입니다.

PATTERN 023

Track 023 

○○てもらえますか。

○○해 주시겠어요?

이 표현은 '○○てください'보다 더 정중한 의미가 강한 표현입니다. 일본어는 주로 직접적으로 부탁하는 표현보다 상대방의 의견을 묻는 표현을 더 선호하는 편입니다. 그러나 비즈니스로 만나는 사이에서는 앞에서 배운 '○○ていただけますか'를 사용하는 것이 좋습니다. 또 편한 사이에서는 좀 더 가볍게 '○○てくれますか'라고 할 수도 있습니다.

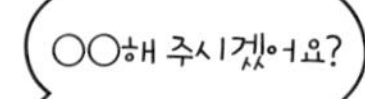

경어를 사용해야 하는 상대에게	○○**ていただけますか**。 ○○해 주시겠습니까?
일반적인 관계인 상대에게	○○**てもらえますか**。 ○○해 주시겠어요? ○○**てくれますか**。 ○○해 주실래요? (좀 더 친한 사이)
친밀한 관계인 상대에게	○○**てくれる**(↗)。 ○○해 줄래?

02 예문으로 알아보기

もう一度、教えていただけますか。

다시 한번 가르쳐 주시겠습니까?

ちょっと、手伝ってもらえますか。

잠깐 도와 주시겠어요?

一緒に行ってくれる(↗)。

같이 가 줄래?

WORD

もう一度 다시 한번

教える 가르치다

手伝う 돕다

一緒に 같이, 함께

行く 가다

03 일본인과 대화하기

ケンちゃん
明日、お見合いなんだ。
내일 맞선 봐.
えぇ~、ドキドキするね。
어~, 떨리겠다.
一緒に来てくれる?
같이 와 줄래?
それはダメでしょう。
그건 안 되지.
メッセジーを入力

WORD

お見合い 맞선

ドキドキする
떨리다, 두근거리다

ダメだ 안 되다

TIP

お見合い와 **合コン**

'お見合い'는 1:1로 만나는 결혼을 전제로 하는 맞선입니다. 반면에 '合コン'은 한국에서 말하는 '미팅'이란 뜻으로 남녀가 여럿이서 만나는 것을 의미합니다.

PATTERN 024

そこを何(なん)とか…。

그걸 어떻게 좀….

Track 024

이 표현은 원래는 그렇게 할 수 없는 일을 간곡히 부탁하거나 간절히 바라는 상황에서 주로 사용합니다. 그러나 비즈니스에서는 이 표현만으로는 실례가 될 수도 있으니 'お願(ねが)いいたします' 등을 함께 사용하는데, 일반적으로도 뒤에 'お願(ねが)いします'와 함께 사용하는 경우가 많습니다. 'そこ'는 원래 장소나 위치를 나타내는 지시대명사이지만 내용이나 요점을 가리킬 때 '그것'이나 '그 점'이라고 쓸 수 있습니다.

경어를 사용해야 하는 상대에게	**そこを何(なん)とかお願(ねが)いいたします。** 그걸 어떻게 좀 부탁드립니다.
일반적인 관계인 상대에게	**そこを何(なん)とかお願(ねが)いします。** 그걸 어떻게 좀 부탁드려요. **そこを何(なん)とか…。** 그걸 어떻게 좀….
친밀한 관계인 상대에게	**そこを何(なん)とかお願(ねが)い。** 그걸 어떻게 좀 부탁해. **そこを何(なん)とか…。** 그걸 어떻게 좀….

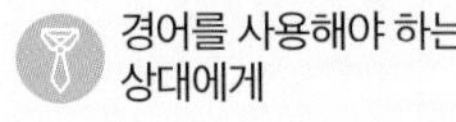

02 예문으로 알아보기

そう言わずに、そこを何とかお願いいたします。
그러지 마시고 그걸 어떻게 좀 부탁드립니다.

そこを何とかしてもらえませんか。
그걸 어떻게 좀 해주시겠어요?

無理ですよね。でも、そこを何とか…。
무리겠지요. 하지만 그걸 어떻게 좀….

WORD

そう言わずに 그렇게 말하지 말고

無理だ 무리이다

でも 근데, 하지만

03 일본인과 대화하기

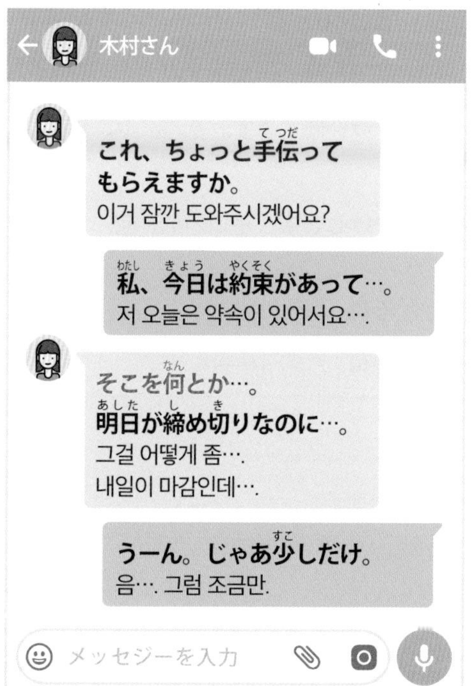

木村さん
これ、ちょっと手伝ってもらえますか。
이거 잠깐 도와주시겠어요?
私、今日は約束があって…。
저 오늘은 약속이 있어서요….
そこを何とか…。
明日が締め切りなのに…。
그걸 어떻게 좀….
내일이 마감인데….
うーん。じゃあ少しだけ。
음…. 그럼 조금만.
メッセジーを入力

WORD

約束 약속

明日 내일

締め切り 마감

少しだけ 조금만

TIP

~のに

부정적인 얘기를 할 때 주로 사용하거나 완곡하게 부탁하는 상황에서도 사용할 수 있습니다.

PATTERN 025

お手数(てすう)おかけします。

수고를 끼칩니다.

Track 025

이 표현은 상대방에게 수고스러운 일을 부탁할 때 사용합니다. 비슷하게 사용되는 표현이 많이 있으나 가장 일반적인 표현입니다. 그리고 'お手数(てすう)をおかけします'처럼 조사를 넣어도 됩니다. 또 이 표현은 말 끝에 'が'를 붙인 'お手数(てすう)おかけしますが(수고를 끼칩니다만)'처럼 말하여 뒤에 다른 부탁 표현을 함께 사용하는 경우가 많습니다.

01 네이티브 따라잡기

경어를 사용해야 하는 상대에게	**お手数(てすう)おかけいたします。** 수고를 끼쳐드립니다.
일반적인 관계인 상대에게	**お手数(てすう)おかけします。** 수고를 끼칩니다.
친밀한 관계인 상대에게	**面倒(めんどう)かけるね。** 폐를 끼치네. **迷惑(めいわく)かけるね。** 폐를 끼치네.

Bonus 'お手数(てすう)'와 '面倒(めんどう)', '迷惑(めいわく)'는 '귀찮은 일, 번거로운 일' 등의 의미가 있습니다.

02 예문으로 알아보기

お忙しいところ、お手数おかけいたします。
바쁘신 가운데 수고를 끼쳐드립니다.

お手数おかけしますが、よろしくお願いします。
수고를 끼칩니다만 잘 부탁합니다.

面倒かけるけど、お願いね。
폐를 끼치지만 부탁할게.

WORD

お忙しいところ 바쁘신 가운데
~が ~이지만
よろしく 잘
~けど ~인데

03 일본인과 대화하기

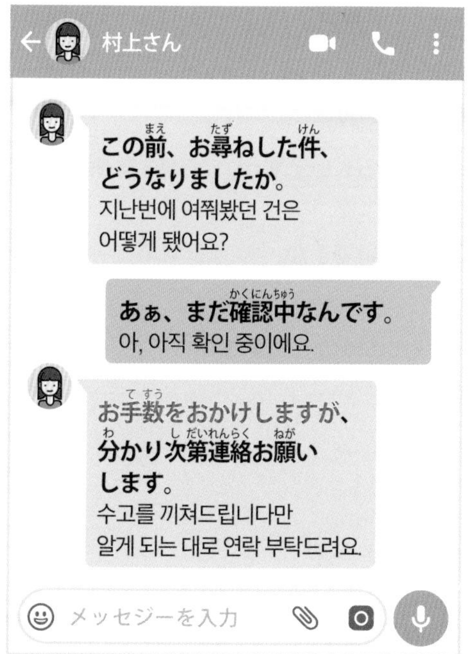

村上さん
この前、お尋ねした件、どうなりましたか。
지난번에 여쭤봤던 건은 어떻게 됐어요?
あぁ、まだ確認中なんです。
아, 아직 확인 중이에요.
お手数をおかけしますが、分かり次第連絡お願いします。
수고를 끼쳐드립니다만 알게 되는 대로 연락 부탁드려요.
メッセジーを入力

WORD

この前 지난번
お尋ねする 여쭙다
件 건
まだ 아직
確認中 확인 중
分かる 알다
連絡 연락

TIP

~次第

동사 ます형에 접속하며 '~하는 대로'란 뜻으로 사용합니다.

PATTERN 026

Track 026 

○○てもいいですか。

○○해도 돼요?

이 표현은 동사 て형에 접속해서 상대방에게 양해를 구할 때 사용하는 대표적인 표현입니다. 특히 일본에서는 상대방에게 예의를 갖춘 이러한 표현을 자주 사용하는 편입니다. 비즈니스 관계에서는 좀 더 정중하게 '○○てもよろしいでしょうか' 혹은 '○○てもよろしいですか' 등의 표현을 사용하는 것이 좋습니다.

01 네이티브 따라잡기

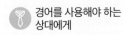

경어를 사용해야 하는 상대에게	**○○てもよろしいでしょうか。** ○○해도 될까요? (가장 예의 바른 표현) **○○てもよろしいですか。** ○○해도 되겠습니까?
일반적인 관계인 상대에게	**○○てもいいですか。** ○○해도 돼요?
친밀한 관계인 상대에게	**○○てもいい(↗)。** ○○해도 돼?

Bonus 친밀한 관계에서는 '○○ても'의 'も'를 떼고 축약하여 '○○ていい(↗)'라고 말할 수 있습니다.

02 예문으로 알아보기

お先(さき)に失礼(しつれい)してもよろしいでしょうか。

먼저 실례해도 될까요?

少(すこ)し休(やす)んでもいいですか。

조금 쉬어도 돼요?

家(うち)に遊(あそ)びに行(い)ってもいい(↗)。

집에 놀러 가도 돼?

WORD

(お)先(さき)に 먼저

失礼(しつれい)する 실례하다

休(やす)む 쉬다

家(うち) 집

遊(あそ)ぶ 놀다

TIP

~に行(い)く

'동사 ます형+に行(い)く/来(く)る'는 '~하러 가다/오다'라는 뜻으로 회화에서 자주 쓰는 표현입니다.

03 일본인과 대화하기

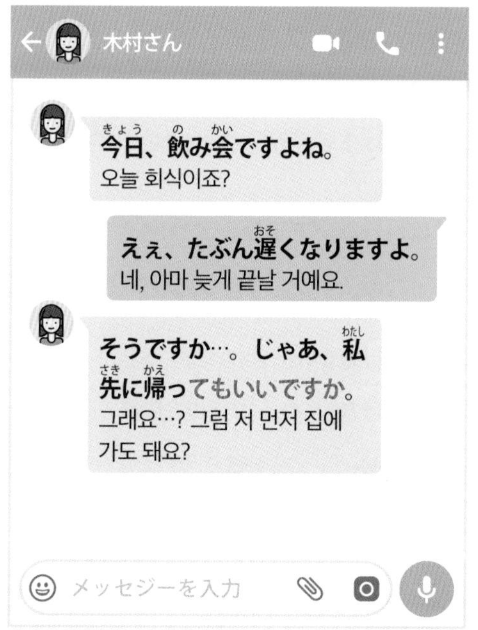

木村さん
今日(きょう)、飲(の)み会(かい)ですよね。
오늘 회식이죠?
ええ、たぶん遅(おそ)くなりますよ。
네, 아마 늦게 끝날 거예요.
そうですか…。じゃあ、私(わたし)先(さき)に帰(かえ)ってもいいですか。
그래요…? 그럼 저 먼저 집에 가도 돼요?
メッセジーを入力

WORD

たぶん 아마

遅(おそ)くなる 늦어지다, 늦게 끝나다

TIP

飲(の)み会(かい)

일반적으로 회사 동료들끼리 하는 '회식'이라는 의미입니다. 우리나라에서처럼 '会食(かいしょく)'라고 하지 않는다는 점에 주의합시다.

PATTERN 027

○○てはいけませんか。

○○하면 안 됩니까?

Track 027

이 표현은 허락 받기 어려운 상황에서 허락을 받고 싶을 때 사용합니다. 비즈니스 관계에서는 직접적인 표현이기 때문에 잘 사용하지 않으며 좀 더 편한 상대에게는 'ませんか' 대신 'ないですか'를 사용하여 가벼운 표현으로 나타낼 수 있습니다. 또 친한 친구나 동료에게 말할 경우 'いけない', 'だめ'로 말할 수 있으며, '~ちゃ(じゃ)'와 같이 축약하면 더욱 자연스러운 회화 표현이 됩니다.

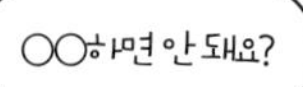

01 네이티브 따라잡기

경어를 사용해야 하는 상대에게	(사용할 수 없음)
일반적인 관계인 상대에게	○○**てはいけませんか**。 ○○하면 안 됩니까? (좀 더 예의 바른 표현) ○○**てはいけないですか**。 ○○하면 안 돼요? ○○**ちゃだめですか**。 ○○하면 안 돼요?
친밀한 관계인 상대에게	○○**てはいけない**(↗)。 ○○하면 안 돼? ○○**ちゃいけない**(↗)。 ○○하면 안 돼? ○○**ちゃだめ**(↗)。 ○○하면 안 돼?

02 예문으로 알아보기

中(なか)に入(はい)ってはいけませんか。

안에 들어가면 안 됩니까?

ここに捨(す)ててはいけないですか。

여기에 버리면 안 돼요?

卒(そつ)アル見(み)ちゃだめ(↗)。

졸업앨범 보면 안 돼?

WORD

中(なか) 안, 속

入る(はいる) 들어가다

ここ 여기, 이곳

捨てる(すてる) 버리다

卒アル(そつアル) 졸업앨범 ('卒業(そつぎょう)アルバム'의 준말)

見る(みる) 보다

03 일본인과 대화하기

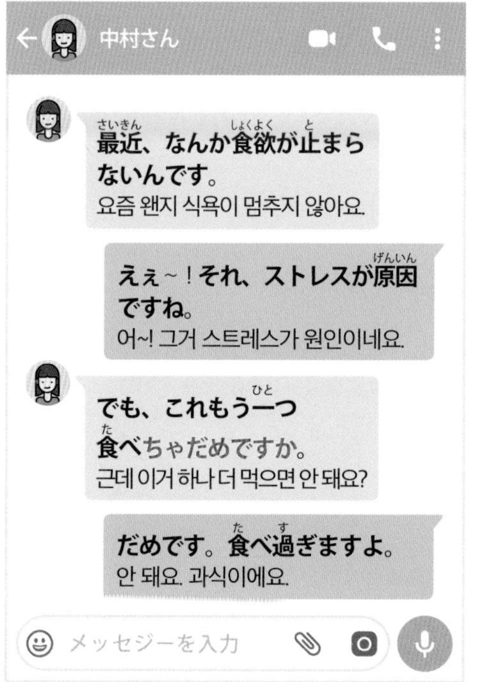

中村さん
最近(さいきん)、なんか食欲(しょくよく)が止(と)まらないんです。
요즘 왠지 식욕이 멈추지 않아요.
えぇ~！それ、ストレスが原因(げんいん)ですね。
어~! 그거 스트레스가 원인이네요.
でも、これもう一(ひと)つ食(た)べちゃだめですか。
근데 이거 하나 더 먹으면 안 돼요?
だめです。食(た)べ過(す)ぎますよ。
안 돼요. 과식이에요.
メッセジーを入力

WORD

食欲(しょくよく) 식욕

止まる(とまる) 멈추다

ストレス 스트레스

原因(げんいん) 원인

でも 근데, 하지만

もう一つ(もうひとつ) 하나 더

TIP

食べ過ぎる(たべすぎる)

'동사 ます형 + 過(す)ぎる'는 '지나치게 ~하다'란 의미로 사용합니다. 대표적인 예는 '食(た)べ過(す)ぎる(과식하다)', '飲(の)み過(す)ぎる(과음하다)' 등이 있습니다.

PATTERN 028

どうぞ。

(어서) 하세요.

Track 028 

일본에서 남에게 양보를 하거나 권할 때 가장 많이 사용하는 표현입니다. 한국어로는 '○○하세요' 처럼 동사가 필요하지만 일본어로는 동사 없이 'どうぞ'만으로도 가능합니다. 비즈니스 관계에서는 'どうぞ○○ください'처럼 다른 표현을 덧붙여서 하는 경우가 많습니다. 그러나 대부분 어떤 상황에서도 이 표현 하나로 다양하게 사용할 수 있기 때문에 아주 실용적인 표현입니다.

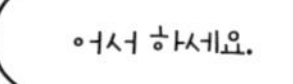

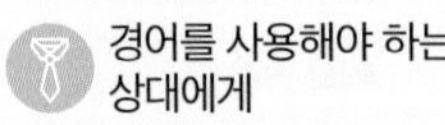 경어를 사용해야 하는 상대에게	**どうぞ○○ください。** 어서 ○○하세요.
 일반적인 관계인 상대에게	**どうぞ。** (어서) ○○하세요.
 친밀한 관계인 상대에게	**どうぞ。** (어서) ○○해. **いいよ。** (해도) 돼, (해도) 좋아. (친구 사이에서는 どうぞ 대신 허락의 의미로 사용)

02 예문으로 알아보기

どうぞ、お召(め)し上(あ)がりください。
(차를 건네면서) 어서 드세요.

こちらへどうぞ。
(안으로 안내하며) 이쪽으로 오세요.

先(さき)にいいよ。
(순서를 양보하며) 먼저 해도 돼.

WORD

召(め)し上(あ)がる 드시다
こちら 이쪽
先(さき)に 먼저

TIP

お~ください

'お+동사 ます형+ください'는 '~하세요'란 뜻으로 사용하는 일반적인 경어 표현입니다.

03 일본인과 대화하기

ケンちゃん
わぁ~、すごくすてきなお宅(たく)だね。
우와~, 엄청 멋진 집이네.
そんなことないよ。
그렇지 않아.
お邪魔(じゃま)しまーす。
실례합니다~.
うん。散(ち)らかってるけど、どうぞ。
응. 어질러져 있지만 들어와.
メッセジーを入力

WORD

すごく 대단히, 엄청, 아주
すてきだ 멋지다
お宅(たく) 댁(남의 집)
そんなことない 그렇지 않다
散(ち)らかる 흩어지다, 어질러지다
~ている ~해져 있다(상태)

TIP

お邪魔(じゃま)します

'실례합니다'라는 뜻이지만 '失礼(しつれい)します'와는 달리 남의 집을 방문할 때 상대방에게 예의를 차리기 위해 사용하는 관용적인 표현입니다.

Track 029 

○○ても構(かま)わないです。

○○해도 돼요.

이 표현은 동사 て형에 접속해서 '○○해도 된다'고 허락을 할 때 사용합니다. '構(かま)わない'는 '상관없다, 괜찮다' 등의 의미가 있으며 일반적으로 'いい(좋다)' 대신 사용하는 경우도 있습니다. 비즈니스 관계에서는 '構(かま)わないです'보다 '構(かま)いません'처럼 좀 더 격식 차린 표현으로 말하는 것이 좋습니다. 친밀한 관계에서는 'いい'와 '大丈夫(だいじょうぶ)(괜찮다)'라는 표현도 쓸 수 있습니다.

○○해도 돼요.

경어를 사용해야 하는 상대에게	**○○ても構(かま)いません。** ○○해도 됩니다.
일반적인 관계인 상대에게	**○○ても構(かま)わないです。** ○○해도 돼요. **○○てもいいです。** ○○해도 돼요.
친밀한 관계인 상대에게	**○○ても構(かま)わない。** ○○해도 돼. **○○てもいい。** ○○해도 돼. **○○ても大丈夫(だいじょうぶ)。** ○○해도 괜찮아.

02 예문으로 알아보기

スケジュールは変更(へんこう)しても構(かま)いません。
스케줄은 변경해도 됩니다.

ボールペンなら使(つか)っても構(かま)わないです。
볼펜이라면 사용해도 돼요.

これ、あげてもいいよ。
이거 줘도 돼.

WORD

スケジュール 스케줄
変更(へんこう)する 변경하다
ボールペン 볼펜
~なら ~이라면
使(つか)う 사용하다
あげる 주다

03 일본인과 대화하기

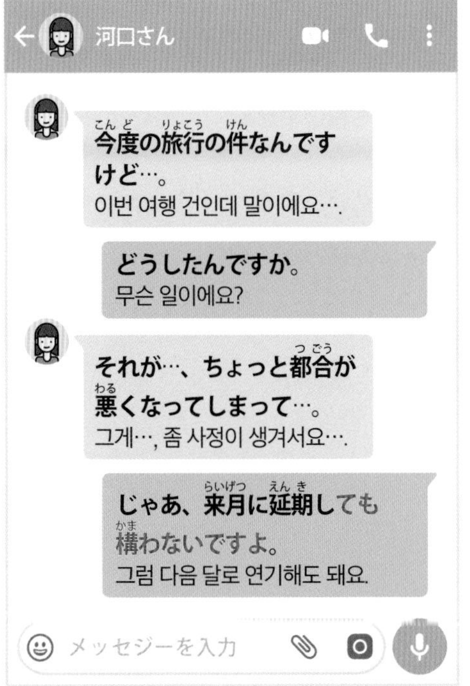

河口さん
今度(こんど)の旅行(りょこう)の件(けん)なんですけど…。
이번 여행 건인데 말이에요….
どうしたんですか。
무슨 일이에요?
それが…、ちょっと都合(つごう)が悪(わる)くなってしまって…。
그게…, 좀 사정이 생겨서요….
じゃあ、来月(らいげつ)に延期(えんき)しても構(かま)わないですよ。
그럼 다음 달로 연기해도 돼요.
メッセジーを入力

WORD

旅行(りょこう) 여행
都合(つごう)が悪(わる)い 사정이 좋지 않다
来月(らいげつ) 다음 달
延期(えんき)する 연기하다

TIP

都合(つごう)が悪(わる)い

일본어로 약속을 거절하거나 갑자기 사정이 생겨 일정을 변경할 경우 이 표현을 주로 사용합니다.

Track 030

○○なくてもいいです。

○○하지 않아도 돼요.

이 표현은 굳이 하지 않아도 된다는 허락을 할 때 사용합니다. 앞에서 배운 '○○ても構わないです(○○해도 됩니다)'와 달리 동사의 부정형인 ない형에 접속이 됩니다. 그래서 약간 부정적인 뉘앙스가 된다는 점도 알아 두면 좋습니다. 'いいです'는 '상관 없습니다, 괜찮습니다'라는 의미로 '構いません', '構わないです' 등으로 바꿔 표현할 수 있습니다.

01 네이티브 따라잡기

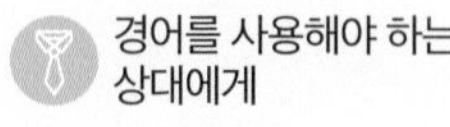

경어를 사용해야 하는 상대에게

○○なくても構いません。 ○○하지 않아도 됩니다.

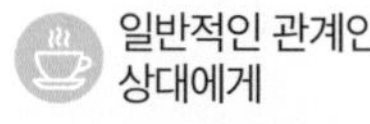

일반적인 관계인 상대에게

○○なくてもいいです。 ○○하지 않아도 돼요.

○○なくても構わないです。 ○○하지 않아도 돼요.

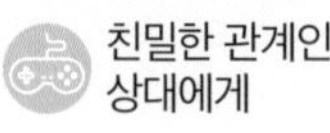

친밀한 관계인 상대에게

○○なくてもいい。 ○○하지 않아도 돼.

○○なくても構わない。 ○○하지 않아도 돼.

02 예문으로 알아보기

お返事(へんじ)くださらなくても構(かま)いません。
답변 주시지 않아도 됩니다.

もうこれから来(こ)なくてもいいです。
이제부터 오지 않아도 돼요.

もう聞(き)いてくれなくてもいいよ。
이제 들어주지 않아도 돼.

WORD

返事(へんじ) 답변, 답장
くださる 주시다
これから 이제부터
来(く)る 오다
聞(き)く 듣다, 묻다
~てくれる ~해 주다

03 일본인과 대화하기

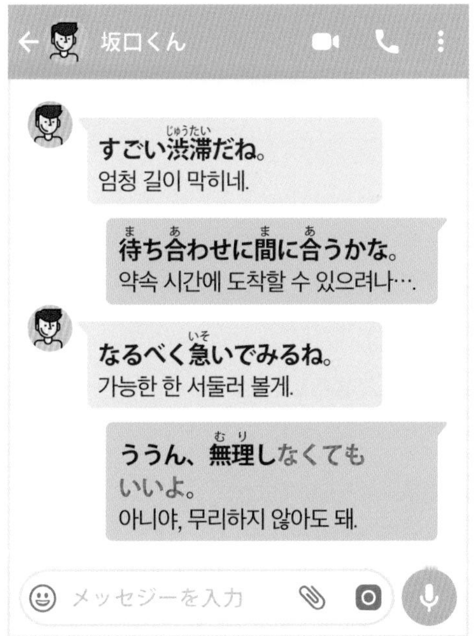

坂口くん
すごい渋滞(じゅうたい)だね。
엄청 길이 막히네.
待(ま)ち合(あ)わせに間(ま)に合(あ)うかな。
약속 시간에 도착할 수 있으려나….
なるべく急(いそ)いでみるね。
가능한 한 서둘러 볼게.
ううん、無理(むり)しなくてもいいよ。
아니야, 무리하지 않아도 돼.
メッセジーを入力

WORD

渋滞(じゅうたい) 정체(길이 막힘)
待(ま)ち合(あ)わせ 약속 시간
間(ま)に合(あ)う 시간에 맞게 도착하다
なるべく 가능한 한, 최대한
急(いそ)ぐ 서두르다
無理(むり)する 무리하다

TIP

待(ま)ち合(あ)わせ

일본어로 '약속 장소' 혹은 '약속 시간'이란 뜻으로 주로 사용하는 표현입니다.

일본 현지에서 쏙쏙 들리는 필수 표현을 익혀봅시다.

음식점에서

1. **いらっしゃいませ。**

   어서 오세요.

2. **何名様(なんめいさま)ですか。**

   몇 분이세요?

3. **こちらへどうぞ。**

   이쪽으로 오세요.

4. **すみませんが、今(いま)は満席(まんせき)でございます。**

   죄송하지만 지금은 만석입니다.

5. **おタバコは吸(す)われますか。**

   담배는 피우시나요?

6. **ご注文(ちゅうもん)はお決(き)まりですか。**

   주문은 정하셨어요?

7. **(ご注文(ちゅうもん))以上(いじょう)でよろしいですか。**

   (주문은) 이상이신가요?

8. **お冷(ひや)は、ドリンクバーをご利用(りよう)ください。**

   차가운 물은 드링크바를 이용해 주세요.

9. **お飲(の)み物(もの)は、お食事(しょくじ)と一緒(いっしょ)にお持(も)ちしてよろしいですか。**

   음료는 식사와 함께 준비해 드려도 될까요?

10. **ラストオーダーは○○時(じ)までですが、よろしいですか。**

    마지막 주문은 ○○시까지입니다만 추가 주문 괜찮으신가요?

권유와 희망 표현

상대방에게 자신의 의견을 권유하거나, 희망을 말할 때는 어떻게 말하면 될까요?
일본에서는 자주 쓰이는 몇 가지 표현이 정해져 있습니다.
어떻게 하면 일본어로 네이티브처럼 말할 수 있을지 알아봅시다.

Pattern 031 ○○**ませんか**。○○하지 않겠습니까?

Pattern 032 ○○**ましょうか**。○○할까요?

Pattern 033 ○○**ましょう**。○○합시다.

Pattern 034 **どうですか**。어때요?

Pattern 035 **よかったら**…。괜찮으면….

Pattern 036 ○○**たいです**。○○하고 싶어요.

Pattern 037 ○○**てほしいです**。○○해 주길 바라요.

Pattern 038 ○○**ない方(ほう)がいいですよ**。○○하지 않는 게 좋아요.

Pattern 039 **楽(たの)しみです**。기대 돼요.

Pattern 040 ○○**はずです**。○○할 거예요.

PATTERN 031

Track 031 

○○ませんか。

○○하지 않겠습니까?

상대방에게 권유할 때 가장 많이 사용하는 표현입니다. 일본에서는 특히 상대방에게 예의를 갖춰서 말하는 경향이 있기 때문에 완곡하게 말하는 쪽이 자연스럽습니다. 비즈니스 관계에서는 'いらっしゃいませんか(가시지/오시지 않겠습니까?)'처럼 동사를 존경어로 바꿔서 사용하면 됩니다. 또 편한 사이에서는 'ません'만으로 말 끝을 올리면 의문의 뜻이 되는 경우가 있다는 점도 알아두시면 좋습니다.

01 네이티브 따라잡기

 경어를 사용해야 하는 상대에게	○○**ませんか**。 ○○하시지 않겠습니까?
 일반적인 관계인 상대에게	○○**ませんか**。 ○○하지 않겠습니까? (좀 더 예의 바른 표현) ○○**ません**(↗)。 ○○하지 않을래요? (좀 더 친한 사이)
 친밀한 관계인 상대에게	○○**ないですか**。 ○○하지 않을래요? (친하지만 존댓말을 쓰는 사이) ○○**ない**(↗)。 ○○하지 않을래?

02 예문으로 알아보기

一緒にいらっしゃいませんか。
갈이 오시지 않겠습니까?

お昼食べに行きません(↗)。
점심 먹으러 가지 않을래요?

ねぇ、ちょっとお茶しない(↗)。
있잖아, 잠깐 차 한잔하지 않을래?

WORD

一緒に 같이, 함께
いらっしゃる 오시다
お昼 점심

TIP

お茶

원래 뜻은 '차'이지만 커피 등 다양한 음료를 뜻하는 말로도 사용합니다.

03 일본인과 대화하기

山口さん
今日、なんか予定ありますか。
오늘 뭔가 약속 있어요?
うーん、別に何もないですけど…。
음…, 딱히 없는데요….
じゃあ、今から飲みに行きませんか。
그럼 지금부터 한잔하러 가지 않을래요?
メッセジーを入力

WORD

予定 예정, 약속
別に 딱히
何もない 아무것도 없다
~けど ~인데
今から 지금부터
飲む 마시다
~に行く ~하러 가다

TIP

飲みに行く

이 표현은 일본에서는 주로 술을 마시러 가자고 할 때 사용합니다.

PATTERN 032

○○ましょうか。

○○할까요?

Track 032 

이 표현은 상대방에게 권유할 때 쓰는 표현인데 'ませんか'에 비해 상대방이 좀 더 긍정적인 마음을 가지고 있을 때 사용하는 것이 좋습니다. 그러나 비즈니스 관계에서는 '○○にいたしましょうか' 처럼 구체적으로 어떻게 할지 상대방의 의견을 물을 때 사용하는 것이 일반적입니다. 또 친한 사이에서는 '○○(よ)うか'처럼 동사 의지 표현에 'か'를 연결하면 됩니다.

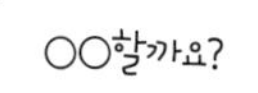

01 네이티브 따라잡기

경어를 사용해야 하는 상대에게	○○**にいたしましょうか**。 ○○으로 할까요?
일반적인 관계인 상대에게	○○**ましょうか**。 ○○할까요?
친밀한 관계인 상대에게	○○**(よ)うか**。 ○○할까?

Bonus 'ませんか'와 마찬가지로 동사 ます형에 접속합니다.

02 예문으로 알아보기

打ち合わせ、いつにいたしましょうか。
미팅 언제로 할까요?

じゃあ、そろそろ始めましょうか。
그럼 슬슬 시작할까요?

ここでちょっと休もうか。
여기서 잠깐 쉴까?

WORD

打ち合わせ 회의, 미팅
そろそろ 슬슬
始める 시작하다
休む 쉬다

TIP

打ち合わせ

회의보다 좀 더 간단한 미팅 정도의 의미로 일본에서는 자주 사용합니다.

03 일본인과 대화하기

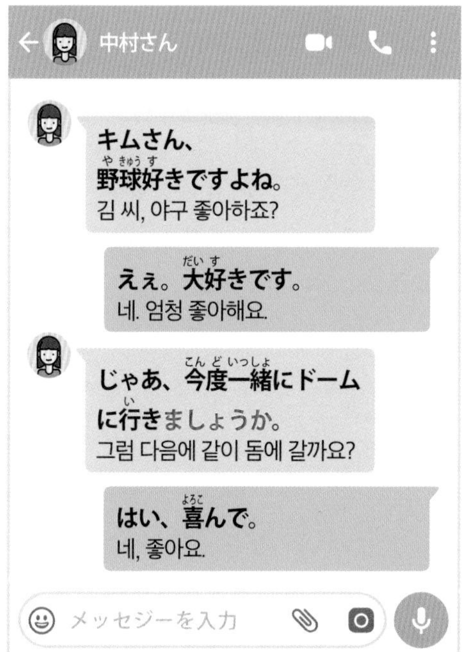

中村さん
キムさん、
野球好きですよね。
김 씨, 야구 좋아하죠?
ええ。大好きです。
네. 엄청 좋아해요.
じゃあ、今度一緒にドームに行きましょうか。
그럼 다음에 같이 돔에 갈까요?
はい、喜んで。
네, 좋아요.
メッセジーを入力

WORD

野球 야구
大好きだ 엄청 좋아하다
今度 이번, 다음
ドーム 돔(구장)
喜んで 기쁘게, 기꺼이

TIP

今度

현재에서는 '이번'이란 뜻이며 가장 가까운 미래를 말할 때는 '다음'이란 뜻으로도 사용할 수 있습니다.

PATTERN 033

Track 033

○○ましょう。

○○합시다.

이 표현은 권유 표현 중에서도 상대방이 거의 승낙한다는 가정하에 사용하는 표현입니다. 따라서 먼저 상대방의 의견을 물어보고 나서 확실한 상황에서 사용하는 것이 좋습니다. 특히 비즈니스 관계에서는 더욱 주의해야 하며 상대방이 확실히 승낙했을 경우에만 사용해야 합니다. 친한 사이에서는 '○○(よ)う'처럼 동사의 의지 표현으로 편하게 사용할 수 있습니다.

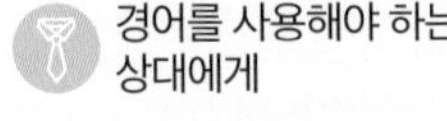

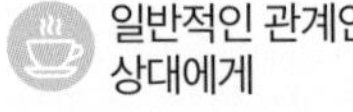

○○**ましょう**。○○합시다.

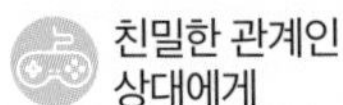

○○(**よ**)**う**。○○하자.

Bonus 'ましょう'보다는 'ましょうか'가, 'ましょうか'보다는 'ませんか' 쪽이 좀 더 완곡한 권유 표현이라고 할 수 있습니다.

02 예문으로 알아보기

また お会(あ)いしましょう。
또 만납시다.

もう少(すこ)し急(いそ)ぎましょう。
조금 더 서두릅시다.

週末(しゅうまつ)、自転車(じてんしゃ)に乗(の)ろうよ。
주말에 자전거 타자.

WORD

会(あ)う 만나다
もう少(すこ)し 조금 더
急(いそ)ぐ 서두르다
週末(しゅうまつ) 주말
自転車(じてんしゃ) 자전거
~に乗(の)る ~을/를 타다

03 일본인과 대화하기

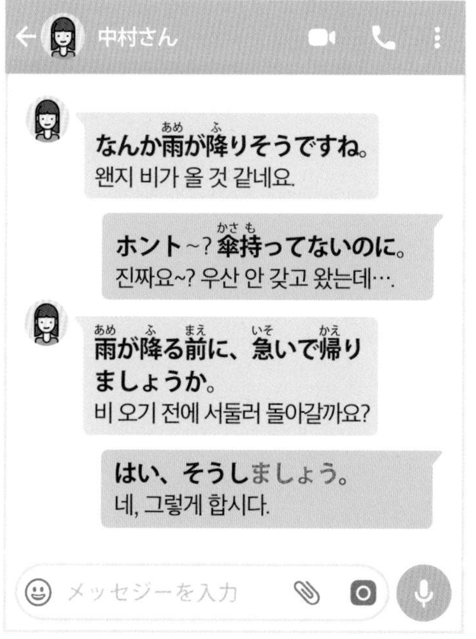

中村さん
なんか雨(あめ)が降(ふ)りそうですね。
왠지 비가 올 것 같네요.
ホント~? 傘(かさ)持(も)ってないのに。
진짜요~? 우산 안 갖고 왔는데….
雨(あめ)が降(ふ)る前(まえ)に、急(いそ)いで帰(かえ)りましょうか。
비 오기 전에 서둘러 돌아갈까요?
はい、そうしましょう。
네, 그렇게 합시다.
メッセジーを入力

WORD

降(ふ)る 내리다
傘(かさ) 우산
持(も)つ 가지다, 들다
~前(まえ)に ~하기 전에
帰(かえ)る 돌아가다

TIP

~そうだ

'~할 것 같다'는 추측의 표현이며 동사 ます형에 연결이 됩니다.

PATTERN 034

Track 034 

どうですか。

어때요?

이 표현은 원래 어떤 상태, 어떤 상황인지 묻는 표현이지만 권유하는 표현으로도 사용합니다. 일반적으로 상대방에게 뭔가를 같이 하고자 물을 때 다른 표현을 덧붙여 '○○でもどうですか(○○라도 어때요?)' 혹은 '一緒(いっしょ)にどうですか(같이 어때요?)'처럼 사용하는 것이 자연스럽습니다. 비즈니스 관계에서는 'いかがですか', 또 친한 사이에서는 'どう'라고 하면 됩니다.

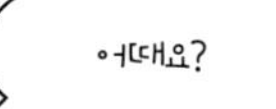

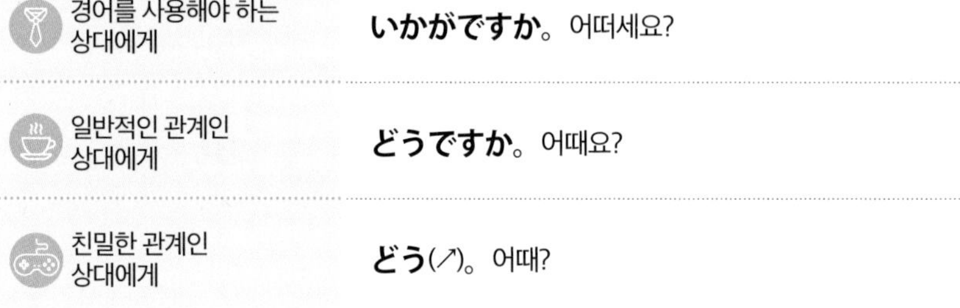

경어를 사용해야 하는 상대에게	**いかがですか。** 어떠세요?
일반적인 관계인 상대에게	**どうですか。** 어때요?
친밀한 관계인 상대에게	**どう**(↗)。 어때?

02 예문으로 알아보기

明日、夕食でもご一緒にいかがですか。

내일 저녁이라도 같이 어떠세요?

夏休み、一緒にキャンプでもどうですか。

여름 휴가 때 같이 캠핑이라도 어때요?

今日、映画でもどう(↗)。

오늘 영화라도 어때?

WORD

明日 내일
夕食 석식, 저녁밥
夏休み 여름 휴가(방학)
キャンプ 캠핑
映画 영화

TIP

~休み

'방학, 휴가, 휴일' 등의 의미가 있으며 앞에 어떤 명사가 오냐에 따라 어떤 휴가인지 구체적으로 말할 수 있습니다.

03 일본인과 대화하기

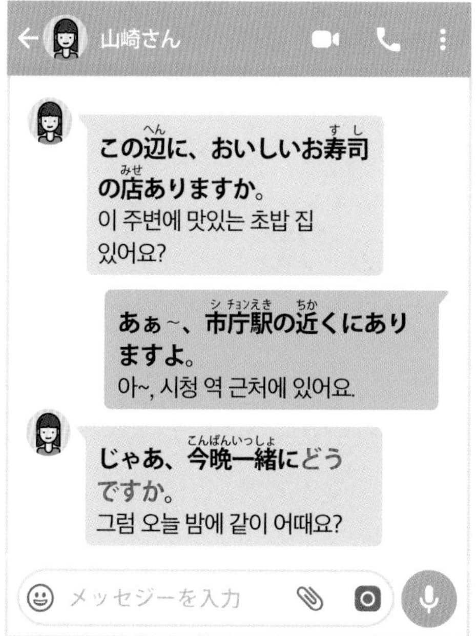

山崎さん
この辺に、おいしいお寿司の店ありますか。
이 주변에 맛있는 초밥 집 있어요?
あぁ~、市庁駅の近くにありますよ。
아~, 시청 역 근처에 있어요.
じゃあ、今晩一緒にどうですか。
그럼 오늘 밤에 같이 어때요?

WORD

この辺 이 주변(근처)
店 가게
市庁駅 시청 역
近く 근처

TIP

今晩

'오늘 밤(今日+晩)'이란 뜻이며 비슷한 표현으로 '今夜'를 사용하기도 합니다.

PATTERN 035

よかったら…。

괜찮으면….

Track 035

이 표현은 권유하는 표현 중에서 상대방이 괜찮은지 가장 조심스럽게 묻는 표현입니다. 또 이 표현은 앞에서 배웠던 'ませんか', 'ましょうか' 등의 권유 표현과 같이 사용하는 경우도 많습니다. 비즈니스 관계에서 좀 더 정중한 표현을 원한다면 'よろしかったら'나 'よろしければ'를 사용하는 것이 좋습니다. 일반적인 관계나 친한 관계에서는 그대로 사용하면 됩니다.

01 네이티브 따라잡기

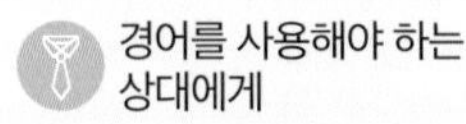 경어를 사용해야 하는 상대에게	**よろしかったら**…。 괜찮으시다면…. **よろしければ**…。 괜찮으시다면….
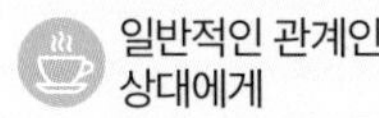 일반적인 관계인 상대에게  친밀한 관계인 상대에게	**よかったら**…。 괜찮으면….

02 예문으로 알아보기

よろしければ、明日(あす)伺(うかが)いしましょうか。
괜찮으시다면 내일 찾아 뵐까요?

よかったら、コンサートに行(い)きませんか。
괜찮으면 콘서트에 가지 않을래요?

よかったら、家(うち)に遊(あそ)びに来(こ)ない(↗)。
괜찮으면 우리 집에 놀러 올래?

WORD

伺(うかが)う 찾아 뵈다
コンサート 콘서트
家(うち) 집(우리 집)
遊(あそ)ぶ 놀다
~に来(く)る ~하러 오다

03 일본인과 대화하기

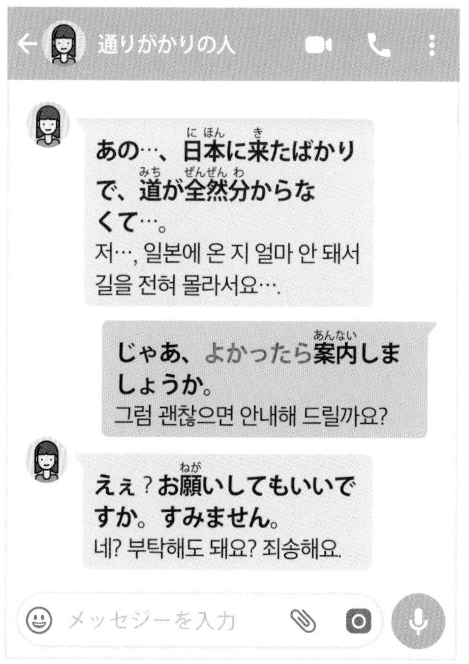

通りがかりの人
あの…、日本(にほん)に来(き)たばかりで、道(みち)が全然(ぜんぜん)分(わ)からなくて…。
저…, 일본에 온 지 얼마 안 돼서 길을 전혀 몰라서요….
じゃあ、よかったら案内(あんない)しましょうか。
그럼 괜찮으면 안내해 드릴까요?
えぇ？お願(ねが)いしてもいいですか。すみません。
네? 부탁해도 돼요? 죄송해요.
メッセジーを入力

WORD

ばかり ~만, ~쯤
道(みち) 길
全然(ぜんぜん) 전혀
分(わ)からない 모르다
案内(あんない)する 안내하다
お願(ねが)いする 부탁하다
~てもいい ~해도 된다

TIP

~たばかりだ

동사 た형에 '~만, ~쯤'이란 뜻의 'ばかり'가 접속하면 '~한 지 얼마 되지 않다'라는 뜻이 됩니다.

PATTERN 036

Track 036 

○○たいです。

○○하고 싶어요.

이 표현은 자신의 희망을 나타내는 대표적인 표현입니다. 자신이 뭔가를 하고 싶다고 말할 때 동사 ます형에 접속하여 사용할 수 있습니다. 비즈니스 관계에서는 동사를 존경어, 겸양어로 사용해야 하기 때문에 사용할 때 주의해야 합니다. 또 친한 사이에서는 반말로 '○○たい'라고 하면 됩니다. 앞에 '是非(꼭, 반드시)'나 '絶対(꼭, 절대)'와 같은 표현이 붙어 희망을 강조하기도 합니다.

01 네이티브 따라잡기

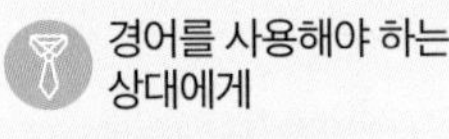 경어를 사용해야 하는 상대에게	○○**たいです**。 ○○하고 싶어요.
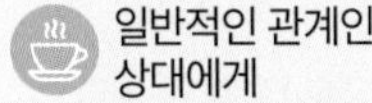 일반적인 관계인 상대에게	
친밀한 관계인 상대에게	○○**たい**。 ○○하고 싶어.

02 예문으로 알아보기

是非お目にかかりたいです。

꼭 만나 뵙고 싶습니다.

機会があれば、行ってみたいです。

기회가 있으면 가 보고 싶어요.

今度こそ、絶対合格したい。

이번에야말로 꼭 합격하고 싶어.

WORD

是非 꼭, 반드시

お目にかかる 만나 뵙다

機会 기회

今度こそ 이번에야말로

絶対 꼭, 절대

合格する 합격하다

03 일본인과 대화하기

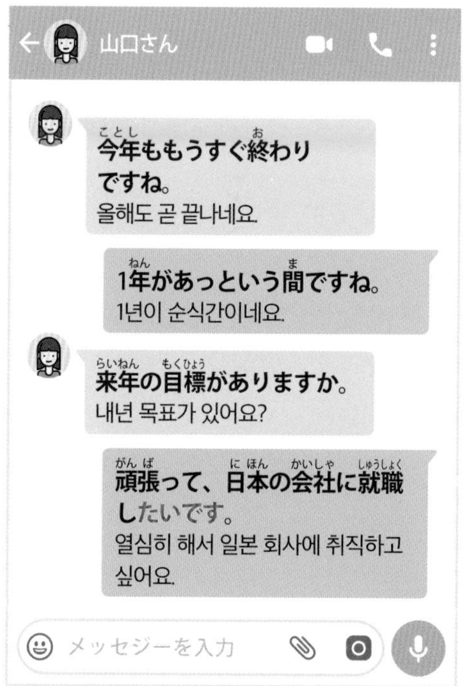

山口さん
今年ももうすぐ終わりですね。
올해도 곧 끝나네요.
1年があっという間ですね。
1년이 순식간이네요.
来年の目標がありますか。
내년 목표가 있어요?
頑張って、日本の会社に就職したいです。
열심히 해서 일본 회사에 취직하고 싶어요.
メッセジーを入力

WORD

もうすぐ 곧

終わり 끝

あっという間 눈 깜짝할 사이, 순식간

来年 내년

目標 목표

頑張る 열심히 하다

就職する 취직하다

TIP

あっという間

'あっ(앗)'과 'という(라고 하는)', '間(사이)'로 구성된 표현으로 '앗!' 이라고 말하는 극히 짧은 순간을 말합니다.

Track 037 

PATTERN **037**

○○てほしいです。

○○해 주길 바라요.

이 표현은 상대방에게 희망사항을 말할 때 사용하는 표현입니다. 동사 て형에 접속되며 일반적으로 '○○하길 바라요'란 뜻으로 사용하지만 '○○해 줬으면 좋겠어요' 등 자신의 바람을 표현할 수 있습니다. 그러나 비즈니스 관계에서는 주의가 필요하기 때문에 동사 ます형에 접속한 '○○たく存(ぞん)じます'처럼 상대방에게 겸손하게 말하는 것이 좋습니다.

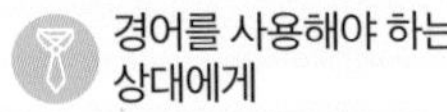 경어를 사용해야 하는 상대에게	○○**たく存(ぞん)じます**。○○해 주시길 바랍니다.
 일반적인 관계인 상대에게	○○**てほしいです**。○○해 주길 바라요.
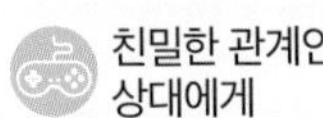 친밀한 관계인 상대에게	○○**てほしい**。○○해 주길 바라.

Bonus 'ほしい'는 '원하다, 갖고 싶다' 등의 뜻을 가진 형용사입니다.

02 예문으로 알아보기

ご連絡いただきたく存じます。

연락해 주시길 바랍니다.

真剣に考えてほしいです。

진지하게 생각해 주길 바라요.

私の気持ち、分かってほしいよ。

나의 마음 알아주길 바라.

WORD

真剣だ 진지하다

考える 생각하다

気持ち 마음, 기분

分かる 알다

03 일본인과 대화하기

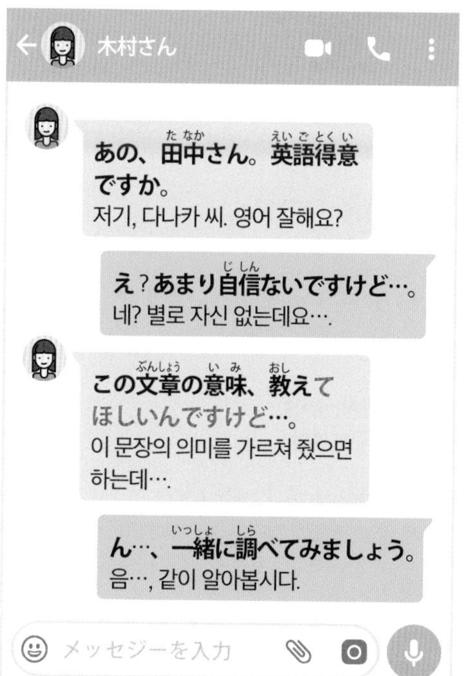

木村さん
あの、田中さん。英語得意ですか。
저기, 다나카 씨. 영어 잘해요?
え？あまり自信ないですけど…。
네? 별로 자신 없는데요….
この文章の意味、教えてほしいんですけど…。
이 문장의 의미를 가르쳐 줬으면 하는데….
ん…、一緒に調べてみましょう。
음…, 같이 알아봅시다.
メッセジーを入力

WORD

得意だ 잘하다

自信 자신

文章 문장

意味 의미

教える 가르치다

調べる 알아보다, 조사하다

TIP

得意だ와 **上手だ**

'得意だ'는 자신감의 표현이기 때문에 자신, 타인에게 모두 사용할 수 있는 표현이지만, '上手だ'는 칭찬의 표현이기 때문에 자신에게 쓰기는 어렵습니다.

Track 038

○○ない方(ほう)がいいですよ。

○○하지 않는 게 좋아요.

이 표현은 상대방에게 권하고 싶지 않은 일에 대해서 말할 때 사용합니다. 그러나 비즈니스 관계에서는 이 표현을 피하는 것이 좋고 일반적인 관계 혹은 친한 사이에서는 상대방을 위해 하지 않는 것이 좋다고 생각이 들면 이 표현을 사용할 수 있습니다. '○○ない方(ほう)がいいんじゃないですか'처럼 상대방의 의견을 묻는 뉘앙스로 바꿔 말하는 것도 좋은 방법입니다.

01 네이티브 따라잡기

경어를 사용해야 하는 상대에게	(사용할 수 없음)
일반적인 관계인 상대에게	**○○ない方(ほう)がいいですよ。** ○○하지 않는 게 좋아요. **○○ない方(ほう)がいいんじゃないですか。** ○○하지 않는 게 좋지 않아요?
친밀한 관계인 상대에게	**○○ない方(ほう)がいいよ。** ○○하지 않는 게 좋아. **○○ない方(ほう)がいいんじゃない(↗)。** ○○하지 않는 게 좋지 않아?

Bonus 다소 직설적인 표현이기 때문에 상대방이 기분 나쁘지 않게 말하는 것이 중요합니다.

02 예문으로 알아보기

あまり飲み過ぎない方がいいですよ。

너무 과음하지 않는 게 좋아요.

空気が悪いので、窓を開けない方がいいですよ。

공기가 나쁘니까 창문을 열지 않는 게 좋아요.

お金を無駄遣いしない方がいいんじゃない(↗)。

돈을 낭비하지 않는 게 좋지 않아?

WORD

あまり 너무, 지나치게

飲む過ぎる 과음하다

空気 공기

悪い 나쁘다

窓 창문

開ける 열다

お金 돈

無駄遣いする 낭비하다

03 일본인과 대화하기

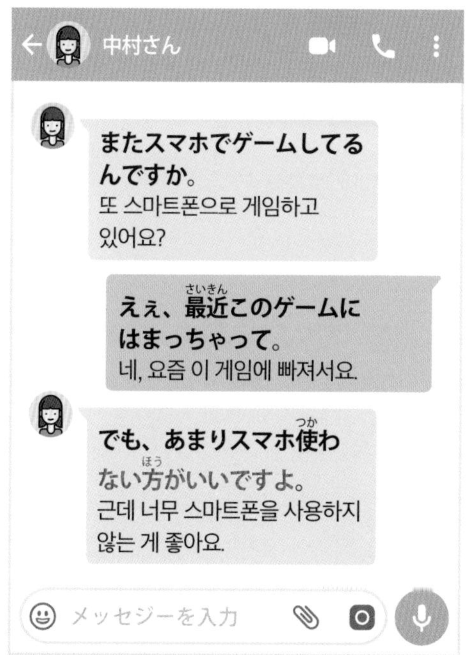

中村さん
またスマホでゲームしてるんですか。
또 스마트폰으로 게임하고 있어요?
えぇ、最近このゲームにはまっちゃって。
네, 요즘 이 게임에 빠져서요.
でも、あまりスマホ使わない方がいいですよ。
근데 너무 스마트폰을 사용하지 않는 게 좋아요.
メッセジーを入力

WORD

スマホ 스마트폰

('スマートフォン'의 준말)

ゲームする 게임하다

使う 사용하다

TIP

~にはまる

좋아하는 일에 '빠지다', '꽂히다' 등의 의미로 사용합니다.

PATTERN 039

楽しみです。

기대 돼요.

이 표현은 앞으로 다가올 일에 대해 기대가 된다는 뜻으로 사용하는 표현입니다. 자신에 관한 것뿐만 아니라 상대방에 대해서도 사용할 수 있는 표현입니다. 헷갈리기 쉬운 비슷한 말로는 '楽しい(즐겁다)', '楽しむ(즐기다)' 등이 있는데 '楽しみ'는 주로 '즐거움'이라는 명사로 사용하거나 '楽しみだ'와 같이 '즐겁게 느끼다, 기대 되다'처럼 형용사로 사용하는 경우가 많습니다.

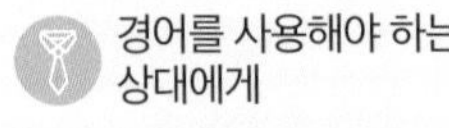

01 네이티브 따라잡기

경어를 사용해야 하는 상대에게	**楽しみにしております。** 기대하고 있겠습니다.
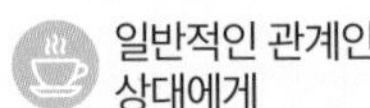 일반적인 관계인 상대에게	**楽しみです。** 기대 돼요.
 친밀한 관계인 상대에게	**楽しみ。** 기대 돼.

Bonus '期待(기대)'란 단어를 사용하게 되면 일본어로는 어색한 표현이 되기 때문에 '楽しみ'를 사용하는 것이 좋습니다.

02 예문으로 알아보기

またお会いできることを楽しみにしております。
또 뵐 수 있기를 기대하고 있겠습니다.

子供の将来が楽しみです。
아이의 장래가 기대 돼요.

修学旅行、楽しみだね。
수학여행 기대 되네.

WORD

子供 아이
将来 장래
修学旅行 수학여행

03 일본인과 대화하기

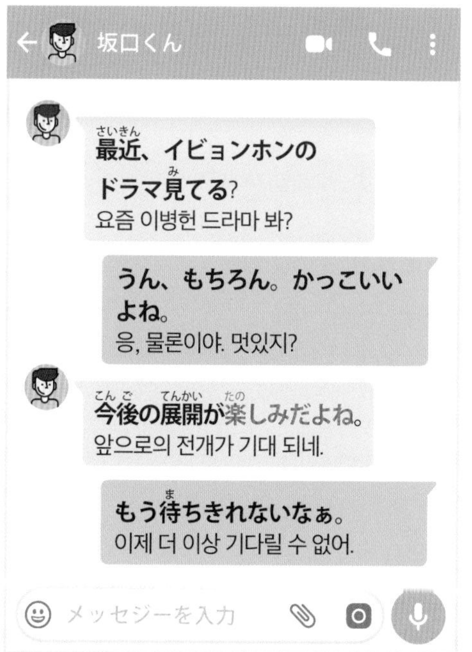

坂口くん
最近、イビョンホンのドラマ見てる?
요즘 이병헌 드라마 봐?
うん、もちろん。かっこいいよね。
응, 물론이야. 멋있지?
今後の展開が楽しみだよね。
앞으로의 전개가 기대 되네.
もう待ちきれないなぁ。
이제 더 이상 기다릴 수 없어.
メッセジーを入力

WORD

ドラマ 드라마
もちろん 물론
かっこいい 멋있다
今後 앞으로
展開 전개
もう 벌써, 이제

TIP

~きれない

동사의 ます형에 붙어 '~할 수 없다'라는 표현으로 쓰입니다.

PATTERN

040 ○○はずです。

○○할 거예요.

Track 040

이 표현은 추측의 의미가 있으며 주로 어떤 일에 대해서 확신이 들어 긍정적으로 희망을 가질 때 사용하는 표현입니다. 하지만 때로는 상황이 원하는 대로 되지 않을 때 스스로나 상대방에게 위로하는 뉘앙스로 사용하는 경우도 있습니다. 비즈니스 관계에서는 애매하게 추측하는 표현은 피하는 것이 좋기 때문에 사용하지 않는 것이 좋습니다.

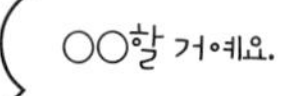

01 네이티브 따라잡기

경어를 사용해야 하는 상대에게	(사용할 수 없음)
일반적인 관계인 상대에게	○○**はずです**。 ○○할 거예요.
친밀한 관계인 상대에게	○○**はずだよ**。 ○○할 거야. ○○**はず**。 ○○할 거야.

02 예문으로 알아보기

もうすぐ電車(でんしゃ)が来(く)るはずです。
곧 전철이 올 거예요.

まだ空室(くうしつ)があるはずです。
아직 빈 방이 있을 거예요.

努力(どりょく)すれば、きっと上手(じょうず)になるはずだよ。
노력하면 반드시 잘하게 될 거야.

WORD

もうすぐ 곧
電車(でんしゃ) 전철
来(く)る 오다
空室(くうしつ) 빈 방
努力(どりょく)する 노력하다
きっと 반드시
上手(じょうず)だ 잘하다
~**になる** ~하게 되다

03 일본인과 대화하기

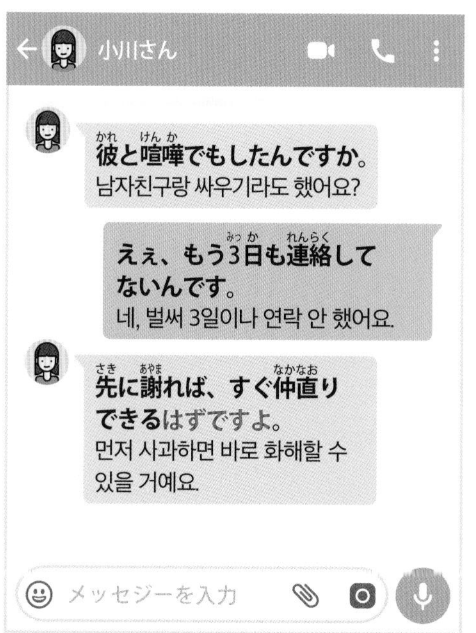

小川さん
彼(かれ)と喧嘩(けんか)でもしたんですか。
남자친구랑 싸우기라도 했어요?
えぇ、もう3日(みっか)も連絡(れんらく)してないんです。
네, 벌써 3일이나 연락 안 했어요.
先(さき)に謝(あやま)れば、すぐ仲直(なかなお)りできるはずですよ。
먼저 사과하면 바로 화해할 수 있을 거예요.
メッセジーを入力

WORD

彼(かれ) 그, 남자친구
喧嘩(けんか) 싸움, 다툼
謝(あやま)る 사과하다
仲直(なかなお)り 화해
できる 할 수 있다

TIP

彼(かれ)와 **彼女(かのじょ)**

3인칭 대명사이지만 때에 따라 자신의 '남자친구' 혹은 '여자친구'란 뜻으로 사용할 수 있습니다.

일본 현지에서 쏙쏙 들리는 필수 표현을 익혀봅시다.

패스트푸드점/편의점에서

1. **店内(てんない)でお召(め)し上(あ)がりですか、お持(も)ち帰(かえ)りですか。**

   드시고 가세요? 아니면 가지고 가세요?

2. **サイズはどうなさいますか。**

   사이즈는 뭘로 하시겠어요?

3. **単品(たんぴん)でよろしいですか。**

   단품으로 드릴까요?

4. **出来(でき)ましたら、番号(ばんごう)でお呼(よ)びいたします。**

   다 되면 번호를 불러 드리겠습니다.

5. **お席(せき)までお持(も)ちいたします。**

   자리까지 가져다 드리겠습니다.

6. **温(あたた)めますか。**

   데워드릴까요?

7. **お箸(はし)お付(つ)けしますか。**

   젓가락 필요하세요?

8. **袋(ふくろ)はご利用(りよう)ですか。**

   봉투는 필요하세요?

9. **ポイントカードはお持(も)ちですか。**

   포인트 카드 가지고 계세요?

10. **お会計(かいけい)○○円(えん)でございます。**

    전부 ○○엔입니다.

사과와 용서 표현

일본인은 다른 사람들에게 폐를 끼치는 것을 싫어하기 때문에 자신의 잘못에 대해 아주 정중히 사과합니다. 이런 문화적 특징 때문인지 사과와 용서를 구하는 표현이 다양합니다. 어떠한 표현들이 있는지 알아봅시다.

- Pattern 041 **すみません。** 죄송합니다.
- Pattern 042 **ごめんなさい。** 미안합니다.
- Pattern 043 **合わせる顔がありません。** 면목이 없습니다.
- Pattern 044 **失礼しました。** 실례했습니다.
- Pattern 045 **ご迷惑をおかけしました。** 폐를 끼쳤어요.
- Pattern 046 **許してください。** 용서해 주세요.
- Pattern 047 **大目に見てください。** 너그러이 봐주세요.
- Pattern 048 **勘弁してください。** 용서해 주세요.
- Pattern 049 **しょうがないですね。** 어쩔 수 없네요.
- Pattern 050 **気にしないでください。** 신경 쓰지 마세요.

PATTERN 041

Track 041

すみません。

죄송합니다.

이 표현은 사과할 때 가장 많이 사용하는 표현입니다. 'すいません'이라고 편하게 발음하는 경우도 있으나 약간 가벼운 느낌이 되기 때문에 상대에 따라 주의해서 사용해야 합니다. 특히 비즈니스 관계에서는 '申(もう)し訳(わけ)ございません', '申(もう)し訳(わけ)ありません'이라고 하는 것이 좋습니다. 또한 감사하다는 뜻으로 상대방에게 예의를 갖추어 'すみません'을 사용하는 경우도 많이 있습니다.

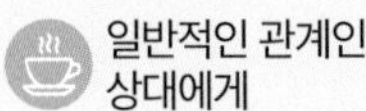

01 네이티브 따라잡기

경어를 사용해야 하는 상대에게	**申(もう)し訳(わけ)ございません。** 죄송합니다. (가장 예의 바른 표현) **申(もう)し訳(わけ)ありません。** 죄송합니다.
일반적인 관계인 상대에게	**すみません。** 죄송합니다. **すいません。** 죄송해요. (좀 더 친한 사이)
친밀한 관계인 상대에게	**申(もう)し訳(わけ)ない。** 미안하다. (주로 남자들이 쓰는 말) **すまない。** 미안해. (주로 남자들이 쓰는 말) **すまん。** 미안. (주로 남자들이 쓰는 말)

02 예문으로 알아보기

ご連絡遅くなり申し訳ございません。

연락이 늦어져서 죄송합니다.

わざわざ来てもらってすみません。

일부러 와 줘서 죄송합니다.

心配かけてすまない。

걱정 끼쳐서 미안해.

WORD

わざわざ 일부러

来る 오다

心配(を)かける 걱정(을) 끼치다

03 일본인과 대화하기

WORD

何か 무슨 일, 뭔가

急に 갑자기

あまり 너무, 지나치게

無理する 무리하다

~ないでください
~하지 마세요

TIP

具合が悪い

'具合'는 몸 상태를 의미하며 '調子'와 같이 몸 상태, 컨디션을 말할 때 사용합니다. 컨디션이 좋지 않을 때는 '悪い'를 사용합니다.

Track 042 

PATTERN 042 ごめんなさい。

미안합니다.

이 표현은 'すみません'과 같이 사과할 때 사용합니다. 하지만 다소 가벼운 뉘앙스가 될 수 있기 때문에 윗사람에게는 사용하지 않는 것이 좋고, 'すみません'과 마찬가지로 '申し訳(もう わけ)ありません'으로 말하는 것이 좋습니다. 친한 사이에서는 'ごめん'이라고 할 수 있으며 '悪(わる)い'를 '미안하다, 잘못했다' 등의 뜻으로 사용하는 경우도 많이 있습니다.

01 네이티브 따라잡기

 경어를 사용해야 하는 상대에게	**申(もう)し訳(わけ)ありません。** 죄송합니다.
 일반적인 관계인 상대에게	**ごめんなさい。** 미안합니다.
 친밀한 관계인 상대에게	**ごめん。** 미안해. **悪(わる)い。** 미안해, 잘못했어. (주로 남자들이 쓰는 말)

Bonus 부드러운 표현이라 일반적으로 남성보다 여성이 사용하는 경우가 많습니다.

02 예문으로 알아보기

お役(やく)に立(た)てず、申(もう)し訳(わけ)ありません。

도움이 되지 못해서 죄송합니다.

待(ま)たせてごめんなさい。

기다리게 해서 미안합니다.

嘘(うそ)ついてごめん。

거짓말 해서 미안해.

WORD

~ず ~하지 않아서, ~하지 않고

待(ま)たせる 기다리게 하다

嘘(うそ)つく 거짓말 하다

TIP

役(やく)に立(た)つ

한국어의 '도움이 되다, 쓸모가 있다'란 뜻이며 틀리기 쉬우니 알아 두면 좋습니다.

03 일본인과 대화하기

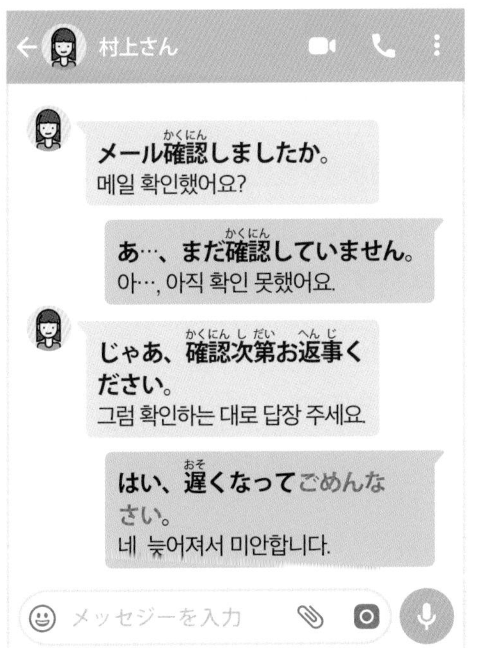

村上さん
メール確認(かくにん)しましたか。
메일 확인했어요?
あ…、まだ確認(かくにん)していません。
아…, 아직 확인 못했어요.
じゃあ、確認次第(かくにんしだい)お返事(へんじ)ください。
그럼 확인하는 대로 답장 주세요.
はい、遅(おそ)くなってごめんなさい。
네 늦어져서 미안합니다.
メッセジーを入力

WORD

確認(かくにん)する 확인하다

まだ 아직

~次第(しだい) ~하는 대로

返事(へんじ) 답변, 답장

TIP

メール

'メール'는 보통 '이메일'을 뜻하지만 일본에서는 휴대 전화로 보내는 '문자메시지'를 가리키기도 합니다.

Track 043

合(あ)わせる顔(かお)がありません。

면목이 없습니다.

'合(あ)わせる'는 '만나게 하다', '顔(かお)'는 '얼굴'이란 뜻으로 '대할 낯이 없다, 면목이 없다' 등의 의미로 사용합니다. 이 표현은 주로 뭔가 큰 실수를 하거나 부끄러워서 만나 뵙기에도 미안하다라는 표현으로 상대방에게 사과할 때 사용할 수 있습니다. 비슷한 표현으로는 '面目(めんぼく)ありません'이 있습니다. 그러나 비즈니스 관계에서는 사용하지 않는 것이 좋습니다.

01 네이티브 따라잡기

경어를 사용해야 하는 상대에게	(사용할 수 없음)
일반적인 관계인 상대에게	**合(あ)わせる顔(かお)がありません。** 면목이 없습니다. **面目(めんぼく)ありません。** 면목 없습니다. **面目(めんぼく)ないです。** 면목 없습니다.
친밀한 관계인 상대에게	**合(あ)わせる顔(かお)がない。** 면목이 없어. **面目(めんぼく)ない。** 면목 없어.

02 예문으로 알아보기

怒(おこ)らせてしまって、合(あ)わせる顔(かお)がありません。

화나게 해서 면목이 없습니다.

こんな失敗(しっぱい)をするなんて、面目(めんぼく)ないです。

이런 실수를 하다니 면목 없습니다.

恥(は)ずかしくて、彼(かれ)に合(あ)わせる顔(かお)がないよ。

부끄러워서 그 사람에게 면목이 없어.

WORD

怒(おこ)らせる 화나게 하다

こんな 이런

失敗(しっぱい) 실수, 실패

~なんて ~하다니, ~이라니

彼(かれ) 그, 그 사람

TIP

恥(は)ずかしい

'부끄럽다, 창피하다, 면목 없다' 등의 의미로 사과의 표현과 함께 자주 사용합니다.

03 일본인과 대화하기

ケンちゃん
昨日(きのう)の試合(しあい)どうだった?
어제 시합 어땠어?
あ、それが…。
아, 그게….
もしかして、負(ま)けたの?
혹시 졌어?
うん。私(わたし)のミスで負(ま)けちゃって、みんなに合(あ)わせる顔(かお)がないよ。
응. 내 실수로 져 버려서 모두에게 면목이 없어.
メッセジーを入力

WORD

試合(しあい) 시합, 경기

もしかして 혹시

負(ま)ける 지다

ミス 실수

みんな 모두

Track 044

PATTERN 044

失礼(しつれい)しました。

실례했습니다.

이 표현은 '실례했다'는 뜻으로 사용하며, 사과하는 경우 상대방에게 실례를 해서 죄송하다는 뉘앙스로 사용할 수 있습니다. 비즈니스 관계에서는 '失礼(しつれい)いたしました'라고 하며 상대방에게 실례가 된 행동이나 발언을 했을 경우에 사용할 수 있으나 직접적인 사과 표현은 아니기 때문에 주의하는 것이 좋습니다. 또 조금 친한 사이에서는 주로 'すみません'이나 'ごめんなさい'도 사용합니다.

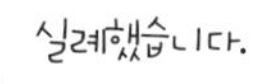

01 네이티브 따라잡기

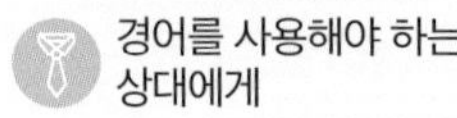

경어를 사용해야 하는 상대에게	**失礼(しつれい)いたしました。** 실례했습니다.
일반적인 관계인 상대에게	**失礼(しつれい)しました。** 실례했습니다. **すみません。** 죄송합니다. (좀 더 친한 사이) **ごめんなさい。** 미안합니다. (좀 더 친한 사이)
친밀한 관계인 상대에게	**すまない。** 미안해. (주로 남자들이 쓰는 말) **ごめん。** 미안해. **悪(わる)い。** 미안해, 잘못했어. (주로 남자들이 쓰는 말)

02 예문으로 알아보기

お邪魔(じゃま)して失礼(しつれい)いたしました。

방해해서 실례했습니다.

わざわざおいでくださったのに、
先日(せんじつ)は不在(ふざい)で失礼(しつれい)しました。

일부러 와 주셨는데 지난번에는 부재중이어서 실례했습니다.

昨日(きのう)は突然(とつぜん)、失礼(しつれい)しました。

어제는 갑자기 실례했습니다.

WORD

邪魔(じゃま)する 방해하다

わざわざ 일부러

おいでくださる 와 주시다

~のに ~인데

先日(せんじつ) 지난번

不在(ふざい) 부재

突然(とつぜん) 갑자기

03 일본인과 대화하기

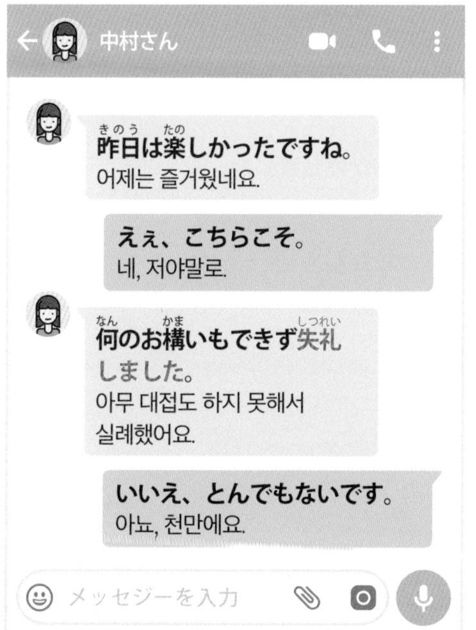

中村さん
昨日(きのう)は楽(たの)しかったですね。
어제는 즐거웠네요.
えぇ、こちらこそ。
네, 저야말로.
何(なん)のお構(かま)いもできず失礼(しつれい)しました。
아무 대접도 하지 못해서 실례했어요.
いいえ、とんでもないです。
아뇨, 천만에요.
メッセジーを入力

WORD

楽(たの)しい 즐겁다

こちらこそ 저야말로

何(なん)の 무슨, 아무런

お構(かま)い 대접

~ず ~하지 않아서, ~하지 않고

TIP

とんでもない

'당치도 않다, 터무니 없다, 뜻밖이다, 천만에' 등 다양한 의미로 사용합니다.

Track 045 

PATTERN 045 ご迷惑をおかけしました。

폐를 끼쳤어요.

이 표현은 상대방에게 폐를 끼쳤다는 생각이 들 때 사용합니다. 주로 'すみません'과 같은 사과 표현과 함께 사용하는 것이 일반적입니다. 비즈니스 관계에서는 'ご迷惑をおかけいたしました'처럼 좀 더 격식을 차려 말하는 것이 더 좋습니다. 또 친한 사이에서는 'ご'를 생략하고 반말로 '迷惑をかけたね'처럼 사용할 수 있습니다.

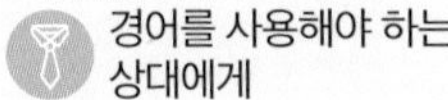

01 네이티브 따라잡기

경어를 사용해야 하는 상대에게	**ご迷惑をおかけいたしました。** 폐를 끼쳤습니다.
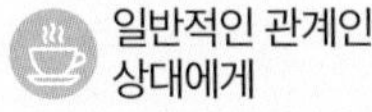 일반적인 관계인 상대에게	**ご迷惑をおかけしました。** 폐를 끼쳤어요.
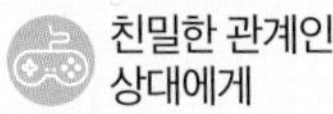 친밀한 관계인 상대에게	**迷惑をかけたね。** 폐를 끼쳤네.

Bonus 남에게 폐를 끼치는 것을 굉장히 꺼리는 일본에서는 상대에게 폐가 되는 행동을 했을 경우 똑바르게 사과하는 것이 좋습니다.

02 예문으로 알아보기

先日(せんじつ)は、大変(たいへん)ご迷惑(めいわく)をおかけいたしました。

지난번엔 대단히 폐를 끼쳤습니다.

ご迷惑(めいわく)をおかけして、すみませんでした。

폐를 끼쳐서 죄송했습니다.

色々(いろいろ)と迷惑(めいわく)をかけたね。

여러모로 폐를 끼쳤네.

WORD

大変(たいへん) 대단히, 굉장히

色々(いろいろ)と 여러 가지, 여러모로

TIP

すみませんでした

'すみません'에 과거를 나타내는 'でした'가 연결이 되어 '죄송했습니다'라는 뜻을 나타냅니다.

03 일본인과 대화하기

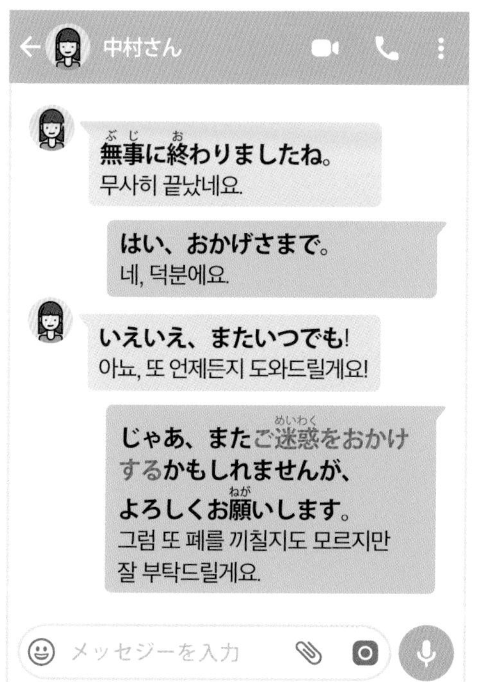

中村さん
無事(ぶじ)に終(お)わりましたね。
무사히 끝났네요.
はい、おかげさまで。
네, 덕분에요.
いえいえ、またいつでも!
아뇨, 또 언제든지 도와드릴게요!
じゃあ、またご迷惑(めいわく)をおかけするかもしれませんが、よろしくお願(ねが)いします。
그럼 또 폐를 끼칠지도 모르지만 잘 부탁드릴게요.
メッセジーを入力

WORD

無事(ぶじ)に 무사히

終(お)わる 끝나다

おかげさまで 덕분에

いつでも 언제든지

~**かもしれない** ~할지도 모른다

PATTERN 046

Track 046 

許(ゆる)してください。

용서해 주세요.

'許(ゆる)す'는 '용서하다'라는 뜻의 동사입니다. 이 표현은 용서를 구하는 표현 중 가장 일반적이며 진지하게 사과한다기보다 상대방에게 가볍게 용서해 달라고 할 때 사용하는 경우가 많습니다. 비즈니스 관계에서는 좀 더 정중하게 'お許(ゆる)しください'라고 하는 것이 좋습니다. 또 친한 사이에서는 'ください'를 생략하여 '許(ゆる)して'라고 반말로 사용하면 됩니다.

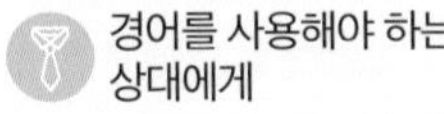

01 네이티브 따라잡기

경어를 사용해야 하는 상대에게	**お許(ゆる)しください。** 용서해 주십시오.
일반적인 관계인 상대에게	**許(ゆる)してください。** 용서해 주세요.
친밀한 관계인 상대에게	**許(ゆる)して。** 용서해 줘. **許(ゆる)してくれ。** 용서해 줘. (주로 남자들이 쓰는 말)

02 예문으로 알아보기

メールでのご連絡お許しください。
메일로 연락 드리게 된 점 용서해 주십시오.

反省しているので、許してください。
반성하고 있으니 용서해 주세요.

そんなに怒らないで、許してよ。
그렇게 화내지 말고 용서해 줘.

 WORD

メール 메일(이메일)
反省する 반성하다
怒る 화내다

03 일본인과 대화하기

小川さん
昨日、ひどいこと言っちゃってごめんなさい。
어제 심한 말 해 버려서 미안해요.
あぁ、もういいですよ。
아…, 이제 됐어요.
悪気があったわけじゃないので、許してください。
악의가 있어서 한 건 아니니까 용서해 주세요.
もう謝らなくてもいいですよ。
이제 사과하지 않아도 돼요.
メッセジーを入力

WORD

ひどいこと 심한 말, 심한 일
言う 말하다
もういい 이제 됐다, 이제 괜찮다
悪気 악의
謝る 사과하다

TIP

~わけじゃない

'~라는 것은 아니다'라는 뜻으로 동사 보통형에 접속해 '~라고 생각될 지 모르지만 그런 의미는 아니다'라는 표현을 나타냅니다.

PATTERN 047

大目(おおめ)に見(み)てください。

너그러이 봐주세요.

Track 047

이 표현은 용서를 구할 때, 그리고 작은 실수나 부족함이 있어도 상대방을 이해하고 용서한다는 뉘앙스로 사용할 수 있습니다. 그러나 이 표현은 주로 편한 사이에서 사용하기 때문에 비즈니스 관계에서는 정중한 표현으로 'ご容赦(ようしゃ)ください'를 사용하는 것이 좋습니다. 또 친한 사이에서는 'ください'를 생략하여 '大目(おおめ)に見(み)て'라고 반말로 사용하면 됩니다.

01 네이티브 따라잡기

경어를 사용해야 하는 상대에게	**ご容赦(ようしゃ)ください。** 용서해 주십시오.
일반적인 관계인 상대에게	**大目(おおめ)に見(み)てください。** 너그러이 봐주세요.
친밀한 관계인 상대에게	**大目(おおめ)に見(み)て。** 좀 봐줘. **大目(おおめ)に見(み)てくれ。** 좀 봐줘. (주로 남자들이 쓰는 말)

02 예문으로 알아보기

ご容赦(ようしゃ)くださいますようお願(ねが)い申(もう)し上(あ)げます。

용서해 주시기를 부탁 말씀드리겠습니다.

子供(こども)のいたずらですから、大目(おおめ)に見(み)てください。

아이의 장난이니까 너그러이 봐주세요.

そこを何(なん)とか、大目(おおめ)に見(み)てよ。

그걸 어떻게 좀 봐줘.

WORD

お願(ねが)い 부탁

申(もう)し上(あ)げる 말씀드리다

子供(こども) 아이

いたずら 장난

03 일본인과 대화하기

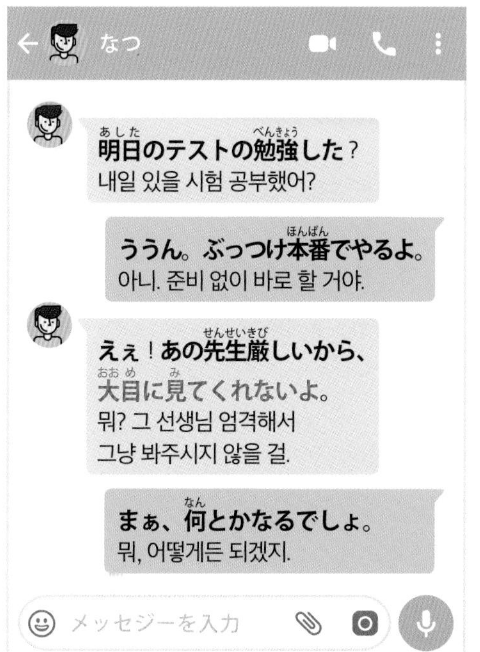

なつ
明日(あした)のテストの勉強(べんきょう)した？
내일 있을 시험 공부했어?
ううん。ぶっつけ本番(ほんばん)でやるよ。
아니. 준비 없이 바로 할 거야.
えぇ！あの先生(せんせい)厳(きび)しいから、大目(おおめ)に見(み)てくれないよ。
뭐? 그 선생님 엄격해서 그냥 봐주시지 않을 걸.
まぁ、何(なん)とかなるでしょ。
뭐, 어떻게든 되겠지.
メッセジーを入力

WORD

テスト 시험, 테스트

勉強(べんきょう)する 공부하다

厳(きび)しい 엄격하다

まぁ 뭐, 그냥

何(なん)とかなる 어떻게든 되다

TIP

ぶっつけ本番(ほんばん)

사전에 아무 준비 없이 실전에 임한다는 뜻으로 자주 사용하는 표현입니다.

PATTERN 048

Track 048 

勘弁してください。

용서해 주세요.

이 표현은 용서를 구할 때 사용하는데 단순히 용서해 달라는 의미보다 오랜 시간 동안 용서를 받지 못한 상황에서 상대방에게 이제 그만 용서해 달라는 간절함을 표현합니다. 비즈니스 관계에서는 좀 더 정중하게 'ご勘弁ください'라고 할 수 있으며 친한 사이에서는 'ください'를 생략하여 '勘弁して'라고 반말로 사용할 수 있습니다.

01 네이티브 따라잡기

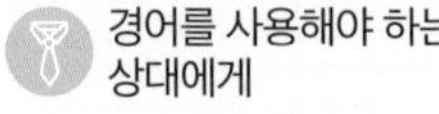 경어를 사용해야 하는 상대에게	**ご勘弁ください。** 용서해 주십시오.
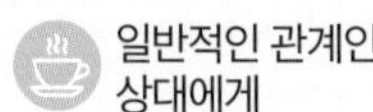 일반적인 관계인 상대에게	**勘弁してください。** 용서해 주세요.
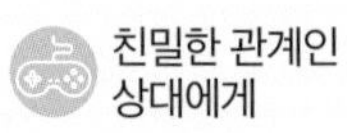 친밀한 관계인 상대에게	**勘弁して。** 용서해 줘. **勘弁してくれ。** 용서해 줘. (주로 남자들이 쓰는 말)

Bonus 상대방의 권유를 정중하게 거절하는 표현으로도 사용할 수도 있습니다.

02 예문으로 알아보기

私(わたし)のミスです。どうかご勘弁(かんべん)ください。

제 실수입니다. 부디 용서해 주십시오.

今回(こんかい)は、これで勘弁(かんべん)してください。

이번엔 이걸로 용서해 주세요.

悪(わる)かった。もう勘弁(かんべん)してよ。

잘못했어. 이제 그만 용서해 줘.

WORD

ミス 실수

どうか 부디

今回(こんかい) 이번

これで 이것으로

03 일본인과 대화하기

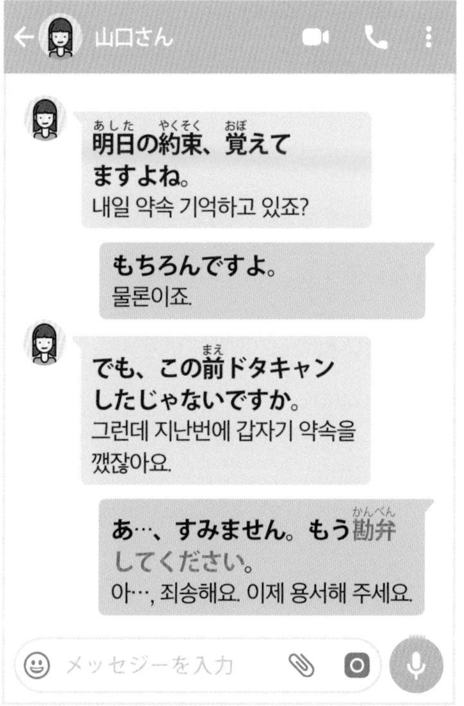

WORD

約束(やくそく) 약속

覚(おぼ)える 기억하다, 외우다

もちろん 물론

ドタキャン
갑작스레 약속을 취소함

~**じゃないですか** ~잖아요

TIP

ドタキャンする

'ドタ'는 마지막 순간을 일컫는 'どたんば'에서, 'キャン'는 취소라는 뜻의 'キャンセル'에서 따온 말입니다. 'する'와 합쳐져 동사로 사용할 수도 있습니다.

PATTERN 049

Track 049

しょうがないですね。

어쩔 수 없네요.

이 표현은 '좋은 방법이 없다'는 뜻의 '仕様(しよう)がない'에서 온 말입니다. 뭔가를 포기하거나 용서할 때 혹은 좋지 않은 상황을 받아들이는 의미에서 사용할 수 있습니다. 비슷한 표현으로는 '仕方(しかた)がない'도 있습니다. 회화에서는 끝부분에 감정을 나타낼 수 있는 'ね'나 'な'와 같은 종조사를 붙여서 말하는 것이 일반적입니다. 그러나 비즈니스 관계에서는 사용하지 않는 것이 좋습니다.

01 네이티브 따라잡기

경어를 사용해야 하는 상대에게	(사용할 수 없음)
일반적인 관계인 상대에게	**しょうがないですね。** 어쩔 수 없네요. **仕方(しかた)がないですね。** 어쩔 수 없네요.
친밀한 관계인 상대에게	**しょうがないね(な)。** 어쩔 수 없네. **仕方(しかた)がないね(な)。** 어쩔 수 없네.

02 예문으로 알아보기

過(す)ぎた事(こと)は、しょうがないですね。

지난 일은 어쩔 수 없네요.

今更(いまさら)、仕方(しかた)がないでしょ。

이제 와서 어쩔 수 없죠.

まったく、しょうがないな。

참 어쩔 수 없구만.

WORD

過(す)ぎた事(こと) 지난 일

今更(いまさら) 이제 와서

まったく 참, 정말로

03 일본인과 대화하기

WORD

ずっと 계속

雨(あめ) 비

旅行(りょこう) 여행

キャンセルする 취소하다

まぁ 뭐, 그냥

~**しかない** ~할 수밖에 없다

TIP

~ばよかった

'~할 걸 그랬다, ~했으면 좋을텐데' 등의 의미로 후회하는 뉘앙스를 가지는 표현입니다.

Track 050

気(き)にしないでください。

신경 쓰지 마세요.

'気(き)にしないで'는 '気(き)にする(신경 쓰다)'의 부정형입니다. 용서하는 의미뿐만 아니라 상대방을 배려하는 의미로 주로 사용합니다. 비즈니스 관계에서는 'お気(き)になさらないでください'라고 하는 것이 좋습니다. 또 친한 사이에서는 끝부분에 'ね' 또는 'よ'를 같이 사용하면 좀 더 부드러운 표현이 됩니다. 자칫 상대방이 불쾌하지 않도록 정중하고 공손하게 배려하는 어조를 사용하는 것이 좋습니다.

01 네이티브 따라잡기

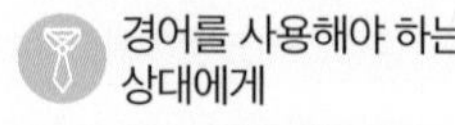

경어를 사용해야 하는 상대에게

お気(き)になさらないでください。
신경 쓰지 않으셔도 됩니다.

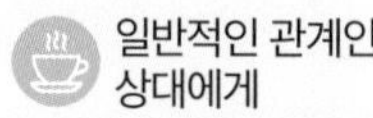

일반적인 관계인 상대에게

気(き)にしないでください。 신경 쓰지 마세요.

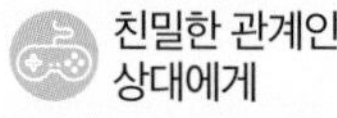

친밀한 관계인 상대에게

気(き)にしないで(↗)。 신경 쓰지 마.

02 예문으로 알아보기

その件に関しては、
どうぞお気になさらないでください。
그 건에 관해서는 부디 신경 쓰지 않으셔도 됩니다.

彼が言った事は気にしないでください。
그가 말한 건 신경 쓰지 마세요.

私の事は気にしないでね。
나는 신경 쓰지 마.

WORD

件 건

~に関しては ~에 관해서는

どうぞ 부디, 제발

TIP

~事 / ~こと

'事'는 '일, 것'이란 뜻이며 '私'같은 인칭대명사와 함께 쓰면 '나에 관한 것'이라는 넓은 범위를 가리키는 뉘앙스를 가집니다.

03 일본인과 대화하기

なつ
なんか、元気ないね。
뭔가 기운이 없어 보이네.
バイト先でまたミスしちゃって。
아르바이트에서 또 실수해 버려서.
そんなに気にしないで。
그렇게 신경 쓰지 마.
そうだね。また明日から頑張るよ。
그래. 내일부터 또 열심히 할게.
メッセジーを入力

WORD

元気(が)ない 기운(이) 없다

バイト先 아르바이트(하는 곳)

頑張る 열심히 하다

TIP

~先

'先'는 '~곳, ~처, ~장소'와 같은 뜻이며 명사 뒤에 연결하여 '~하는 곳' 등의 의미로 사용합니다.

일본 현지에서 쏙쏙 들리는 필수 표현을 익혀봅시다.

관광지에서 1 신사, 절, 성, 공원 등

1. **観光案内所(かんこうあんないしょ)で韓国語(かんこくご)のパンフレットをもらえます。**

   관광안내소에서 한국어 팜플렛을 받을 수 있습니다.

2. **学生割引(がくせいわりびき)ができます。**

   학생 할인이 가능합니다.

3. **入館(にゅうかん)は閉館時間(へいかんじかん)の30分前(ぷんまえ)までにお願(ねが)いします。**

   입장은 폐관시간 30분 전까지 부탁드립니다.

4. **芝生(しばふ)に入(はい)らないでください。**

   잔디에 들어가지 마세요.

5. **餌(えさ)をやらないでください。**

   먹이를 주지 마세요.

6. **手(て)を触(ふ)れないでください。**

   손대지 마세요.

7. **館内(かんない)では飲食禁止(いんしょくきんし)になっております。**

   관내에서는 음식 섭취가 금지되어 있습니다.

8. **館内(かんない)(場内(じょうない))での写真撮影(しゃしんさつえい)は禁止(きんし)されております。**

   관내(장내)에서는 사진 촬영이 금지되어 있습니다.

9. **館内(かんない)(場内(じょうない))での喫煙(きつえん)はご遠慮(えんりょ)ください。**

   관내(장내)에서의 흡연은 삼가 주십시오.

10. **退場時間(たいじょうじかん)は営業終了時間(えいぎょうしゅうりょうじかん)の30分後(ぷんご)となります。**

    퇴장시간은 영업 종료 30분 후입니다.

감사와 배려 표현

감사와 배려 표현 또한 폐를 끼치기 싫어하는 일본인의 특징이 담긴 표현입니다. 상대방에게 고마운 일이 생겼다면 감사하다고 인사하고, 상대방이 불편하지 않도록 배려를 표하는 것이 예의라고 생각하죠. 어떠한 표현들이 있는지 알아봅시다.

Pattern 051 **ありがとうございます。** 고맙습니다.

Pattern 052 **感謝(かんしゃ)しています。** 감사드립니다.

Pattern 053 **お世話(せわ)になっています。** 신세를 지고 있습니다.

Pattern 054 **助(たす)かります。** 도움이 돼요.

Pattern 055 **お言葉(ことば)に甘(あま)えて。** 사양하지 않고.

Pattern 056 **遠慮(えんりょ)なく。** 사양 말고.

Pattern 057 **お気遣(きづか)いなく。** 신경 쓰지 마세요.

Pattern 058 **お構(かま)いなく。** 신경 쓰지 마세요.

Pattern 059 **ご心配(しんぱい)なく。** 걱정하지 마세요.

Pattern 060 **恐(おそ)れ入(い)ります。** 송구스럽습니다.

PATTERN 051

Track 051

ありがとうございます。

고맙습니다.

일상에서 가장 많이 사용하는 감사의 표현입니다. 비즈니스 관계에서는 좀 더 정중하게 '誠(まこと)に(진심으로)'와 같은 부사를 함께 사용하는 것이 좋습니다. 친한 사이에서는 'ありがとう'라고 하는 것이 일반적이며 좀 더 가볍게 영어 'Thank you'를 'サンキュー'라고 하는 경우도 있습니다. 또 동사의 과거형인 'ました'로 바꿔서 'ありがとうございました'라고 과거로 표현할 수도 있습니다.

고맙습니다.

01 네이티브 따라잡기

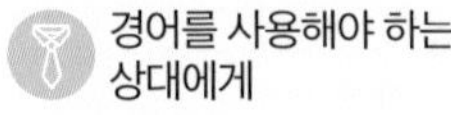

경어를 사용해야 하는 상대에게

誠(まこと)にありがとうございます。
진심으로 감사드립니다.

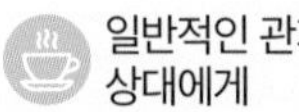

일반적인 관계인 상대에게

ありがとうございます。 고맙습니다.

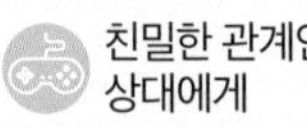

친밀한 관계인 상대에게

ありがとう。 고마워.

サンキュー。 땡큐.

02 예문으로 알아보기

ご指導いただき誠にありがとうございます。
지도해 주셔서 진심으로 감사드립니다.

招待してくれてありがとうございます。
초대해 주셔서 고맙습니다.

今日は付き合ってくれてサンキュー。
오늘 같이 가 줘서 땡큐.

WORD

指導する 지도하다

招待する 초대하다

TIP

付き合う

원래 뜻은 '사귀다, 교제하다'이지만 '같이 가다, 동행하다'라는 뜻으로 사용하는 경우도 많습니다.

03 일본인과 대화하기

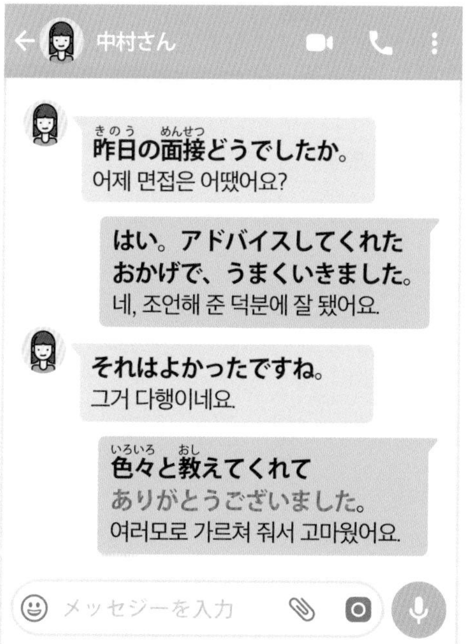

WORD

面接 면접

アドバイスする 조언하다, 어드바이스하다

おかげで 덕분에

うまくいく 잘 되다

よかった 다행이다, 잘됐다

色々と 여러 가지, 여러모로

教える 가르치다

PATTERN 052

Track 052

感謝(かんしゃ)しています。

감사드립니다.

이 표현은 'ありがとうございます'에 비해 좀 더 깊이 감사의 마음을 전할 때 사용합니다. '감사합니다'라는 표현이지만 '感謝(かんしゃ)します'가 아니라 현재 진행형을 써서 '感謝(かんしゃ)しています'처럼 표현합니다. 비즈니스 관계에서는 '感謝申(かんしゃもう)し上(あ)げます'처럼 보다 격식을 차려 말하는 것이 좋으며 친한 사이에서는 '感謝(かんしゃ)している'라고 하면 됩니다.

01 네이티브 따라잡기

경어를 사용해야 하는 상대에게	**感謝申(かんしゃもう)し上(あ)げます。** 감사 말씀드립니다.
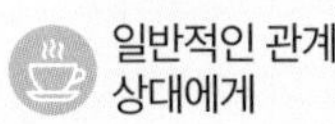 일반적인 관계인 상대에게	**感謝(かんしゃ)しています。** 감사드립니다. **ありがたいです。** 고맙게 생각합니다.
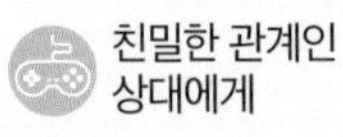 친밀한 관계인 상대에게	**感謝(かんしゃ)している。** 고마워. **ありがたい。** 고맙게 생각해.

Bonus 비슷한 표현으로 'ありがたいです(고맙게 생각합니다)'도 사용할 수 있습니다.

02 예문으로 알아보기

ご支援してくださった皆様に、感謝申し上げます。
지원해 주신 모든 분들께 감사 말씀드립니다.

両親にはいつも感謝しています。
부모님께 항상 감사드립니다.

力になってくれたこと、感謝してるよ。
힘이 돼 준 거 고마워.

WORD

支援する 지원하다
皆様 여러분, 모든 분
両親 부모님
いつも 항상
力になる 힘이 되다

03 일본인과 대화하기

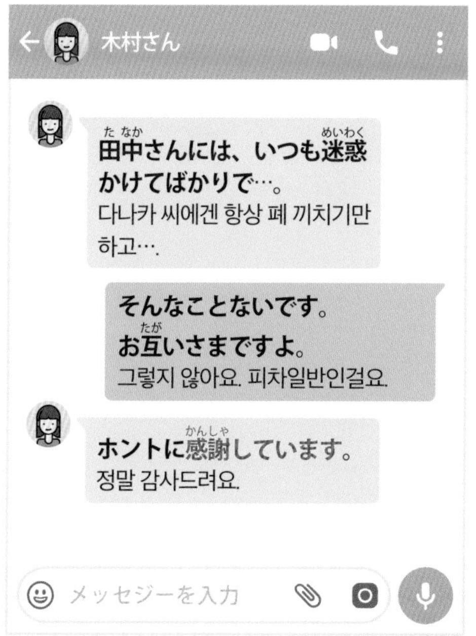

木村さん
田中さんには、いつも迷惑かけてばかりで…。
다나카 씨에겐 항상 폐 끼치기만 하고….
そんなことないです。お互いさまですよ。
그렇지 않아요. 피차일반인걸요.
ホントに感謝しています。
정말 감사드려요.
メッセジーを入力

WORD

迷惑(を)かける 폐(를) 끼치다
~てばかりだ ~하기만 하다
そんなことない 그렇지 않다

TIP

お互いさま

'피차일반, 매한가지, 마찬가지'라는 뜻으로 서로 처지나 상황이 같거나 비슷하다고 표현할 때 쓰입니다.

PATTERN 053

Track 053

お世話になっています。

신세를 지고 있습니다.

이 표현은 '감사하다'는 뜻을 포함한 것으로 '신세를 지고 있다'는 의미입니다. 또 상대방에게 예의를 갖춘 인사말처럼 사용하는 경우도 많습니다. 일반적으로 구두로 말하지만 메일과 같은 문서로 감사의 마음을 전할 때도 사용합니다. 그리고 이미 신세를 졌을 경우에는 'お世話になりました(신세를 졌습니다)'라고 합니다. 비즈니스 관계에서는 'お世話になっております'라고 하는 것이 좋습니다.

01 네이티브 따라잡기

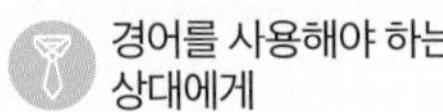 경어를 사용해야 하는 상대에게	**お世話になっております。** 신세를 지고 있습니다.
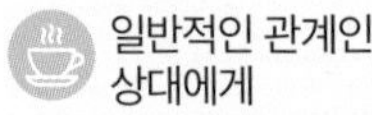 일반적인 관계인 상대에게	**お世話になっています。** 신세를 지고 있습니다.
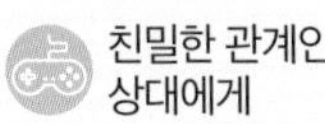 친밀한 관계인 상대에게	(사용하지 않음)

02 예문으로 알아보기

平素より大変お世話になっております。

평소에 대단히 신세를 지고 있습니다(감사합니다).

いつもお世話になっています。

늘 신세를 지고 있습니다(감사합니다).

長い間、お世話になりました。

오랫동안 신세를 졌습니다(감사했습니다).

WORD

平素 평소

大変 대단히, 굉장히

長い間 오랫동안

TIP

大変

명사로는 '큰일', 형용사로는 '大変だ(큰일이다, 힘들다)'란 뜻으로 쓰입니다. 그러나 부사로는 '몹시, 대단히, 굉장히'라는 뜻으로 쓰입니다.

03 일본인과 대화하기

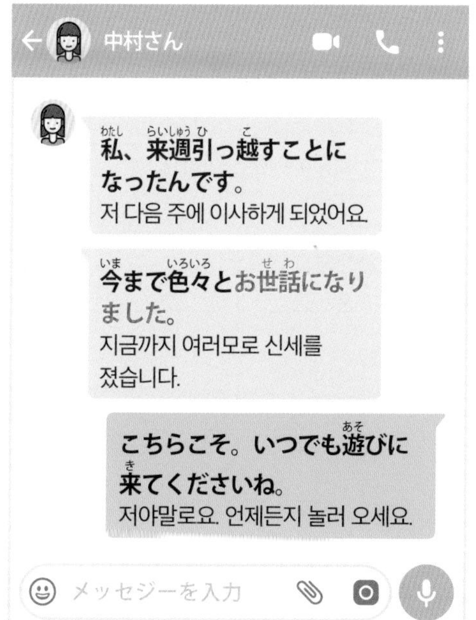

中村さん
私、来週引っ越すことになったんです。
저 다음 주에 이사하게 되었어요.
今まで色々とお世話になりました。
지금까지 여러모로 신세를 졌습니다.
こちらこそ。いつでも遊びに来てくださいね。
저야말로요. 언제든지 놀러 오세요.
メッセジーを入力

WORD

来週 다음 주

引っ越す 이사하다

~ことになる ~하게 되다

今まで 지금까지

いつでも 언제든지

遊ぶ 놀다

~に来る ~하러 오다

PATTERN 054

Track 054

助かります。

도움이 돼요.

이 표현은 누군가의 도움을 받고서 '잘됐다', '고맙다' 등 다양한 뜻이 있지만 '助かる(도움이 되다)'라는 동사를 활용하여 '助かります', '助かりました'와 같은 형태로 주로 사용합니다. 비즈니스 관계에서 윗사람에게 사용하는 것은 실례가 될 수 있으니 대신 '○○いただけると幸いです'라고 하는 것이 좋습니다. 또 친한 사이에서는 '助かる'라고 하면 됩니다.

01 네이티브 따라잡기

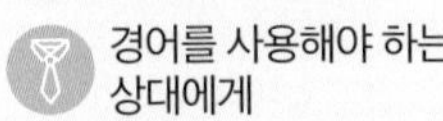 경어를 사용해야 하는 상대에게	**○○いただけると幸いです。** ○○해 주시면 고맙겠습니다.
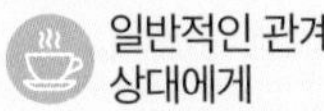 일반적인 관계인 상대에게	**助かります。** 도움이 돼요, 고마워요.
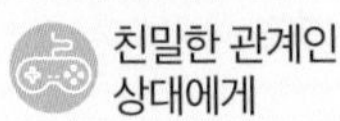 친밀한 관계인 상대에게	**助かる。** 도움이 돼, 고마워.

02 예문으로 알아보기

相談に乗っていただけると幸いです。

상담에 응해 주시면 고맙겠습니다.

手伝ってくれると助かります。

도와준다면 도움이 될 거예요.

駅まで送ってくれると助かるなぁ。

역까지 바래다주면 고마울 텐데.

WORD

相談に乗る 상담에 응하다

手伝う 돕다

駅 역

送る 바래다주다

03 일본인과 대화하기

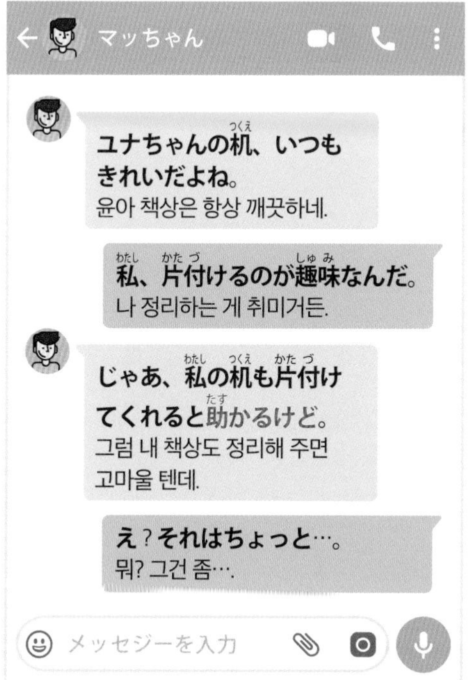

WORD

机 책상

きれいだ 깨끗하다

趣味 취미

~けど ~인데

TIP

片付ける

'片付ける'는 '정리하다'라는 동사이며 명사로 '片付け'는 '정리'라는 뜻입니다. 가장 일반적으로 사용하는 표현입니다.

PATTERN 055

Track 055

お言葉に甘えて。

사양하지 않고.

이 표현은 상대방의 호의나 배려를 사양하지 않고 감사히 받아들이겠다는 뜻으로 사용합니다. 그리고 이 표현은 주로 윗사람에게 사용하는 표현이기 때문에 비즈니스 관계에서도 그대로 사용하면 됩니다. 단 'お言葉に甘えて○○ます'라고 뒤에 다른 표현과 함께 사용하는 것이 더욱 좋습니다. 친한 사이에서는 '遠慮なく'라고 하면 됩니다.

01 네이티브 따라잡기

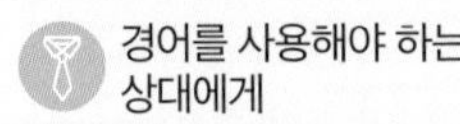 경어를 사용해야 하는 상대에게	**お言葉に甘えて○○ます。** 사양하지 않고 ○○하겠습니다.
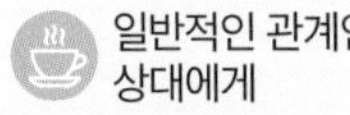 일반적인 관계인 상대에게	**お言葉に甘えて。** 사양하지 않고.
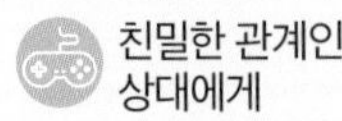 친밀한 관계인 상대에게	**遠慮なく。** 사양 않고.

Bonus '言葉'는 '말', '甘える'는 '스스럼없이 받아들이다' 등의 의미가 있어, 상대방이 호의적인 말을 했을 때 그 말을 받아들여 따르겠다는 의미가 됩니다.

02 예문으로 알아보기

お言葉(ことば)に甘(あま)えて、ごちそうになります。
사양하지 않고 잘 먹겠습니다.

お言葉(ことば)に甘(あま)えて、お世話(せわ)になります。
사양하지 않고 신세 지겠습니다.

じゃあ、遠慮(えんりょ)なく借(か)りるね。
그럼 사양 않고 빌릴게.

WORD

ごちそうになる
식사 대접을 받다, 한턱 얻어먹다

借(か)りる 빌리다

TIP

ごちそうになります

'ごちそう'는 '진수성찬'이란 뜻입니다. 주로 식사 대접을 받을 때 'ごちそうになります'라고 하면 '잘 먹겠습니다'와 같은 인사가 됩니다.

03 일본인과 대화하기

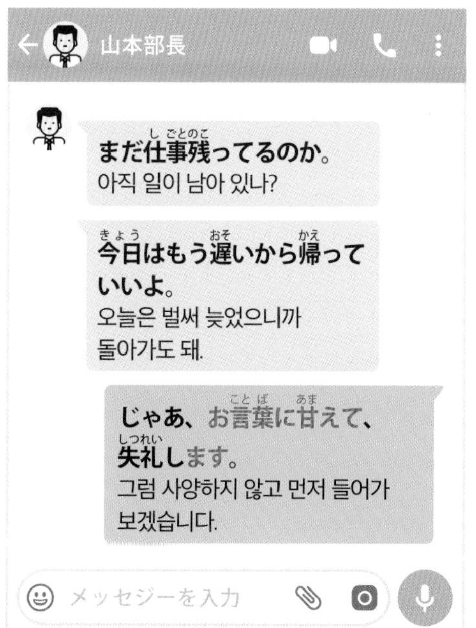

山本部長
まだ仕事残(しごとのこ)ってるのか。
아직 일이 남아 있나?
今日(きょう)はもう遅(おそ)いから帰(かえ)っていいよ。
오늘은 벌써 늦었으니까 돌아가도 돼.
じゃあ、お言葉(ことば)に甘(あま)えて、失礼(しつれい)します。
그럼 사양하지 않고 먼저 들어가 보겠습니다.
メッセジーを入力

WORD

残(のこ)って(い)る 남아 있다

もう 벌써, 이제

遅(おそ)い 늦다

帰(かえ)る 돌아가다

TIP

失礼(しつれい)します

'실례하겠습니다'라는 뜻으로 먼저 귀가하는 것에 대한 양해를 구하는 인사로 많이 사용합니다.

PATTERN 056

Track 056 

遠慮(えんりょ)なく。

사양 말고.

이 표현은 상대방이 어떠한 행동을 편히 할 수 있도록 배려하는 표현입니다. 상대방이 윗사람인 경우 존중의 의미로 접두어 'ご'를 붙여서 말하는 것이 좋습니다. 비즈니스 관계 혹은 일반적인 관계에서는 주로 '○○てください(○○해 주세요)'와 같은 표현을 함께 사용하는 것이 일반적입니다. 또 친한 사이에서는 '遠慮(えんりょ)しないで'처럼 사용할 수 있습니다.

01 네이티브 따라잡기

경어를 사용해야 하는 상대에게	**ご遠慮(えんりょ)なく。** 사양하지 마시고.
일반적인 관계인 상대에게	**遠慮(えんりょ)なく。** 사양 말고.
친밀한 관계인 상대에게	**遠慮(えんりょ)しないで。** 사양하지 마.

02 예문으로 알아보기

ご遠慮(えんりょ)なくお申(もう)し付(つ)けください。

사양하지 마시고 말씀해 주세요.

遠慮(えんりょ)なく使(つか)ってください。

사양 말고 사용하세요.

遠慮(えんりょ)しないで食(た)べて。

사양하지 말고 먹어.

WORD

申(もう)し付(つ)ける 말씀하시다

使(つか)う 사용하다

食(た)べる 먹다

TIP

申(もう)し付(つ)ける

'명령하다'라는 의미의 '言(い)い付(つ)ける'의 겸양 표현이며 일반적으로 손윗사람에게 사용하는 표현입니다.

03 일본인과 대화하기

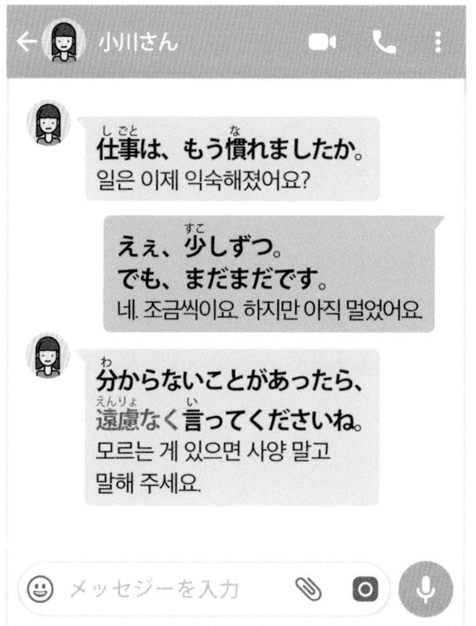

小川さん
仕事(しごと)は、もう慣(な)れましたか。
일은 이제 익숙해졌어요?
えぇ、少(すこ)しずつ。
でも、まだまだです。
네. 조금씩이요. 하지만 아직 멀었어요.
分(わ)からないことがあったら、
遠慮(えんりょ)なく言(い)ってくださいね。
모르는 게 있으면 사양 말고
말해 주세요.
メッセジーを入力

WORD

慣(な)れる 익숙해지다

少(すこ)しずつ 조금씩

まだまだだ 아직 멀었다

言(い)う 말하다

PATTERN 057

Track 057

お気遣(きづか)いなく。

신경 쓰지 마세요.

이 표현은 상대방이 나에게 대접을 하려고 하거나 선물을 주려는 등 마음을 써주는 상황에서 나를 위해 '마음을 쓰지 않아도 된다'는 의미로 사용합니다. 또한 부담 갖지 말라는 의미도 포함합니다. 윗사람에게는 'お気遣(きづか)いなさらないでください'라고 정중한 표현으로 하는 것이 좋습니다. 또 친한 사이에서는 '気遣(きづか)わないで'라고 하면 됩니다.

신경 쓰지 마세요.

01 네이티브 따라잡기

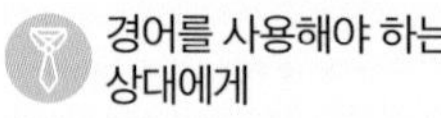 경어를 사용해야 하는 상대에게	**お気遣(きづか)いなさらないでください。** 신경 쓰지 않으셔도 됩니다.
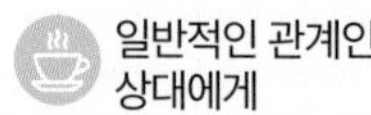 일반적인 관계인 상대에게	**お気遣(きづか)いなく。** 신경 쓰지 마세요.
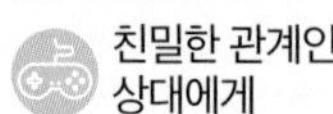 친밀한 관계인 상대에게	**気遣(きづか)わないで。** 신경 쓰지 마.

Bonus '気遣(きづか)う'는 '마음을 쓰다'라는 뜻의 동사이며, '気遣(きづか)い'는 '마음을 씀'이란 뜻의 명사입니다.

02 예문으로 알아보기

心(こころ)ばかりの品(しな)ですので、どうぞお気遣(きづか)いなさらないでください。

마음뿐인 선물이니까 부디 신경 쓰지 않으셔도 됩니다.

すぐに失礼(しつれい)しますので、お気遣(きづか)いなく。

금방 갈 거니까 신경 쓰지 마세요.

お返(かえ)しとか気遣(きづか)わないでいいよ。

답례품 같은 거 신경 쓰지 않아도 돼.

WORD

心(こころ)ばかり 마음뿐

品(しな) 물건(선물)

すぐに 금방

お返(かえ)し 답례, 답례품

TIP

お返(かえ)し

일본에서는 결혼식, 장례식 등에 참석해 준 사람들에게 답례로 'お返(かえ)し'를 주는 것이 예의라고 생각합니다.

03 일본인과 대화하기

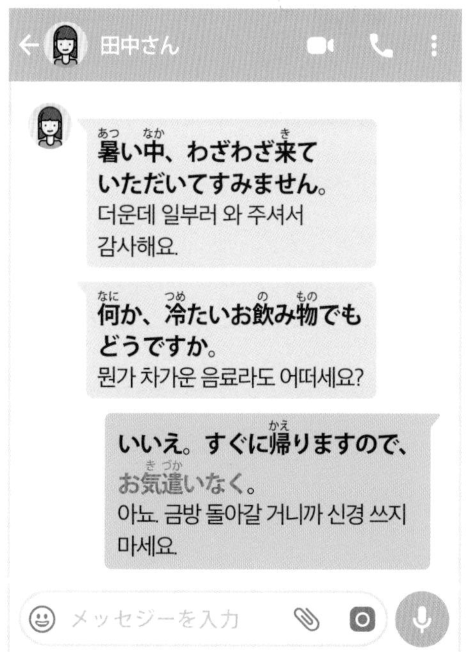

田中さん
暑(あつ)い中(なか)、わざわざ来(き)ていただいてすみません。
더운데 일부러 와 주셔서 감사해요.
何(なに)か、冷(つめ)たいお飲(の)み物(もの)でもどうですか。
뭔가 차가운 음료라도 어떠세요?
いいえ。すぐに帰(かえ)りますので、お気遣(きづか)いなく。
아뇨. 금방 돌아갈 거니까 신경 쓰지 마세요.
メッセジーを入力

WORD

わざわざ 일부러

~ていただく ~해 주시다

冷(つめ)たい 차갑다

飲(の)み物(もの) 음료

帰(かえ)る 돌아가다

PATTERN 058

Track 058 

お構(かま)いなく。

신경 쓰지 마세요.

이 표현은 상대방이 배려해 주는 상황에서 사양하겠다고 할 때 주로 사용하는 표현입니다. '構(かま)う'는 '상대하다, 마음을 쓰다' 등의 다양한 의미가 있으며 앞에서 배운 'お気遣(きづか)いなく'와 비슷하게 사용할 수 있습니다. 하지만 비즈니스 관계에서는 상대방에게 실례가 되기 때문에 이 표현을 사용하지 않는 것이 좋습니다. 친한 사이에서는 동일하게 '気遣(きづか)わないで'라고 하면 됩니다.

01 네이티브 따라잡기

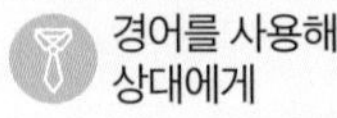 경어를 사용해야 하는 상대에게	(사용할 수 없음)
 일반적인 관계인 상대에게	**お構(かま)いなく。** 신경 쓰지 마세요.
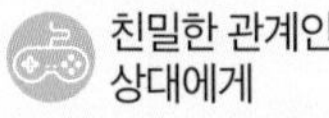 친밀한 관계인 상대에게	**気遣(きづか)わないで。** 신경 쓰지 마.

Bonus 이 표현은 다소 강한 뉘앙스가 되기 때문에 자칫 잘못 말하면 상대방이 기분 나빠할 수도 있으니 주의하는 것이 좋습니다.

02 예문으로 알아보기

どうぞお構(かま)いなく。
부디 신경 쓰지 마세요.

さっき食事(しょくじ)したばかりなので、お構(かま)いなく。
좀 아까 식사한 지 얼마 안 됐으니 신경 쓰지 마세요.

長居(ながい)しないから、気遣(きづか)わないで。
오래 있지 않을 거니까 신경 쓰지 마.

WORD

さっき 좀 아까, 아까 전

食事(しょくじ)する 식사하다

~たばかり ~한 지 얼마 되지 않다

TIP

長居(ながい)する

'오랜 시간 동안 같은 곳에 머물러 있다'는 뜻이며 주로 남의 집에 방문했을 경우 사용합니다.

03 일본인과 대화하기

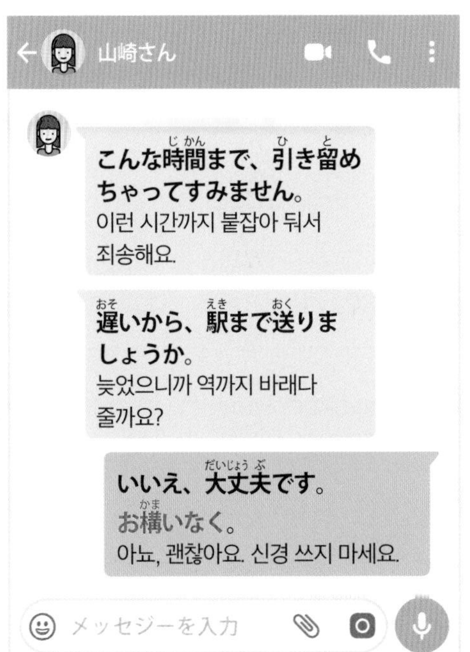

山崎さん
こんな時間(じかん)まで、引(ひ)き留(と)めちゃってすみません。
이런 시간까지 붙잡아 둬서 죄송해요.
遅(おそ)いから、駅(えき)まで送(おく)りましょうか。
늦었으니까 역까지 바래다 줄까요?
いいえ、大丈夫(だいじょうぶ)です。
お構(かま)いなく。
아뇨, 괜찮아요. 신경 쓰지 마세요.
メッセジーを入力

WORD

時間(じかん) 시간

引(ひ)き留(と)める 만류하다, 가지 못하게 하다

送(おく)る 바래다주다

大丈夫(だいじょうぶ)だ 괜찮다

TIP

引(ひ)き留(と)める

함께 머물러 있다가 돌아가려고 하는 사람을 붙잡고 '가지 못하게 붙잡아 둔다'는 뜻으로 사용합니다.

Track 059

ご心配なく。

걱정하지 마세요.

이 표현은 '心配(걱정, 염려)'라는 명사, '心配する(걱정하다, 염려하다)'라는 동사로 각각 사용하여 자신을 걱정하는 상대방에게 걱정하지 말라고 배려하는 표현입니다. 비즈니스 관계에서는 'ご心配なさらないでください'처럼 보다 격식을 차려 말하는 것이 좋습니다. 친한 사이에서는 '心配しないで'라고 하면 됩니다.

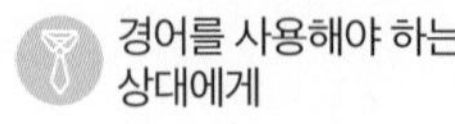

경어를 사용해야 하는 상대에게	**ご心配なさらないでください。** 걱정하지 않으셔도 됩니다.
일반적인 관계인 상대에게	**ご心配なく。** 걱정하지 마세요.
친밀한 관계인 상대에게	**心配しないで。** 걱정하지 마.

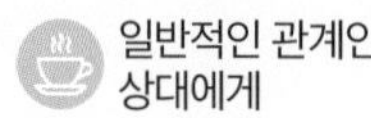

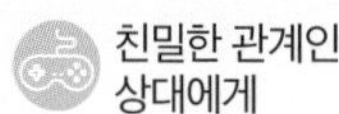

Bonus 비슷한 표현으로 상대방에게 걱정하지 말라고 안심시킬 때는 '心配しなくてもいいです(걱정하지 않아도 돼요)', '心配しなくてもいいよ(걱정하지 않아도 돼)'라고 할 수 있습니다.

02 예문으로 알아보기

契約(けいやく)に関(かん)しては、ご心配(しんぱい)なさらないでください。

계약에 관해서는 걱정하지 않으셔도 됩니다.

入会金(にゅうかいきん)は無料(むりょう)ですので、ご心配(しんぱい)なく。

가입비는 무료니까 걱정하지 마세요.

もう大丈夫(だいじょうぶ)だから、心配(しんぱい)しないで。

이제 괜찮으니까 걱정하지 마.

WORD

契約(けいやく) 계약

~に関(かん)しては ~에 관해서는

入会金(にゅうかいきん) 가입비

無料(むりょう) 무료

03 일본인과 대화하기

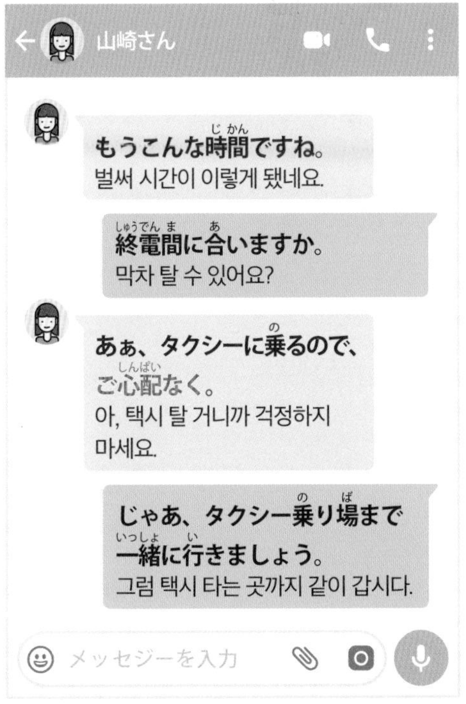

山崎さん
もうこんな時間(じかん)ですね。
벌써 시간이 이렇게 됐네요.
終電(しゅうでん)間(ま)に合(あ)いますか。
막차 탈 수 있어요?
あぁ、タクシーに乗(の)るので、ご心配(しんぱい)なく。
아, 택시 탈 거니까 걱정하지 마세요.
じゃあ、タクシー乗(の)り場(ば)まで一緒(いっしょ)に行(い)きましょう。
그럼 택시 타는 곳까지 같이 갑시다.
メッセジーを入力

WORD

終電(しゅうでん) 막차

間(ま)に合(あ)う 시간에 대다, 제때 가다

タクシー 택시

~に乗(の)る ~을/를 타다

乗(の)り場(ば) 타는 곳

TIP

乗(の)り場(ば)

'~場(ば)'는 '곳, 장소'라는 뜻으로 동사 ます형에 접속되어 '~하는 곳, 장소'란 표현으로 사용합니다. 따라서 '乗(の)り場(ば)'는 '타는 곳, 타는 장소'라는 뜻으로 사용합니다.

PATTERN 060

Track 060

恐(おそ)れ入(い)ります。

송구스럽습니다.

이 표현은 상대방의 호의가 나에게 과분하다고 생각이 들 때 감사의 마음을 나타내는 표현입니다. 또 문장 맨 앞에서 '恐(おそ)れ入(い)りますが(송구스럽습니다만)'라고 하면 상대방에게 뭔가 부탁하는 상황에서 죄송하다는 마음을 전하는 표현이 되기도 합니다. 그러나 조금 딱딱한 표현이기 때문에 일반적인 관계에서는 좀 더 쉬운 'ありがとうございます'라고 하는 경우도 많습니다.

01 네이티브 따라잡기

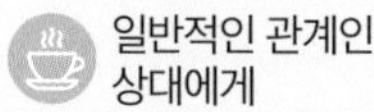

경어를 사용해야 하는 상대에게	**恐(おそ)れ入(い)ります。** 송구스럽습니다.
일반적인 관계인 상대에게	**ありがとうございます。** 고맙습니다.
친밀한 관계인 상대에게	(사용하지 않음)

02 예문으로 알아보기

ご足労(そくろう)いただき、恐(おそ)れ入(い)ります。

어려운 발걸음 해 주셔서 송구스럽습니다(감사합니다).

わざわざご連絡(れんらく)いただき恐(おそ)れ入(い)ります。

일부러 연락해 주셔서 송구스럽습니다(감사합니다).

お気遣(きづか)いいただきありがとうございます。

신경 써 주셔서 고맙습니다.

WORD

(ご)足労(そくろう) 어렵게 오심

わざわざ 일부러

TIP

お(ご) ~いただく

명사에 접속해 윗사람이 '~해 주시다'란 뜻이며 상대방을 존중하여 높여 말하는 표현입니다.

03 일본인과 대화하기

山本部長
今日(きょう)のプレゼンとてもすばらしかったよ。
오늘 프레젠테이션 아주 훌륭했어.
恐(おそ)れ入(い)ります。
감사합니다.
新(あたら)しいプロジェクト、楽(たの)しみにしてるよ。
새로운 프로젝트 기대하고 있을게.
はい。努力(どりょく)いたします。
네. 노력하겠습니다.
メッセジーを入力

WORD

プレゼン 프레젠테이션 ('プレゼンテーション'의 준말)

すばらしい 훌륭하다, 근사하다, 멋지다

新(あたら)しい 새롭다

プロジェクト 프로젝트

努力(どりょく)する 노력하다

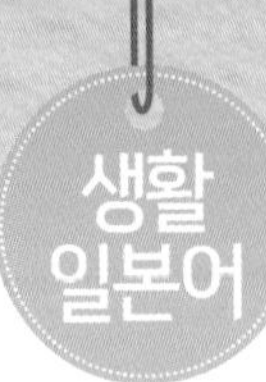

일본 현지에서 쏙쏙 들리는 필수 표현을 익혀봅시다.

관광지에서 2 놀이공원, 테마파크, 타워, 쇼핑몰 등

1. **本日も○○へご来店(ご来園)いただきまして、誠にありがとうございます。**

   오늘도 ○○에 방문해 주셔서 대단히 감사합니다.

2. **館内への飲食物の持ち込みは、ご遠慮ください。**

   관내에 음식물 반입은 삼가 주세요.

3. **入退場についてご案内いたします。**

   입퇴장에 관해 안내해 드립니다.

4. **本日の催し物のお知らせをいたします。**

   오늘의 행사에 관해 안내해 드립니다.

5. **園内で無料シャトルバスを運行しております。**

   원내에서는 무료 셔틀버스를 운행하고 있습니다.

6. **迷子のお知らせをいたします。**

   미아를 찾습니다.

7. **お客様のお呼び出しを申し上げます。**

   고객님을 찾습니다.

8. **館内は、すべて禁煙でございます。**

   관내는 모두 금연 구역입니다.

9. **本日の営業時間は、○○時まででございます。**

   오늘의 영업시간은 ○○시까지입니다.

10. **またのご来場(ご来園)お待ちいたしております。**

    또 방문해 주시기를 기다리고 있겠습니다.

승낙과 거절 표현

상대방으로부터 부탁이나 권유를 들었을 때 호의를 승낙하거나
상대방의 기분을 상하지 않도록 완곡하게 거절하는 표현을
일본어로는 어떻게 표현하는지 알아봅시다.

Pattern 061 **いいですね。** 좋네요.

Pattern 062 **是非(ぜひ)。** 꼭이요.

Pattern 063 **分(わ)かりました。** 알겠어요.

Pattern 064 **了解(りょうかい)しました。** 알겠어요.

Pattern 065 **すみません。** 죄송합니다.

Pattern 066 **ちょっと…。** 좀….

Pattern 067 **せっかくですが。** 모처럼이지만.

Pattern 068 **お気持(きも)ちだけで充分(じゅうぶん)です。** 마음만으로 충분해요.

Pattern 069 **遠慮(えんりょ)します。** 사양할게요.

Pattern 070 **結構(けっこう)です。** 됐습니다.

PATTERN 061

Track 061

いいですね。

좋네요.

상대방의 의견을 승낙할 때 사용하는 가장 대표적인 표현입니다. 'いいです'의 끝에 'ね'를 붙여서 부드럽게 말하는 것이 일반적입니다. 비즈니스 관계에서는 승낙하는 의미로 여러 표현이 있지만 '問題(もんだい)ございません'이나 '問題(もんだい)ありません'이라고 하는 것이 가장 적당할 것 같습니다. 또 친한 사이에서는 'いいね' 혹은 영어 OK를 사용하여 'オッケー'라고 할 수 있습니다.

01 네이티브 따라잡기

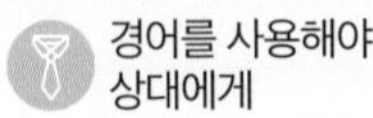

경어를 사용해야 하는 상대에게	**問題(もんだい)ございません。** 문제 없습니다. (가장 예의 바른 표현) **問題(もんだい)ありません。** 문제 없습니다.
 일반적인 관계인 상대에게	**いいですね。** 좋네요.
 친밀한 관계인 상대에게	**いいね。** 좋네. **オッケー。** 오케이.

Bonus 'いいです'라고 했을 때 자칫 잘못 하면 '됐어요' 등과 같은 거절의 의미가 될 수도 있으니 주의를 해야 합니다. 따라서 말 끝에 'ね' 또는 'よ'를 붙여 'いいですよ(좋아요)'와 같이 붙여서 말하는 것이 좋습니다.

02 예문으로 알아보기

来週(らいしゅう)までにお返事(へんじ)いただければ、問題(もんだい)ありません。

다음 주까지 답장 주시면 문제 없습니다.

内容(ないよう)は、このままでいいですよ。

내용은 이대로 좋아요.

私(わたし)、金曜日(きんようび)ならオッケーだよ。

나 금요일이면 오케이야.

WORD

来週(らいしゅう) 다음 주

~までに (적어도)~까지

内容(ないよう) 내용

このまま 이대로

金曜日(きんようび) 금요일

03 일본인과 대화하기

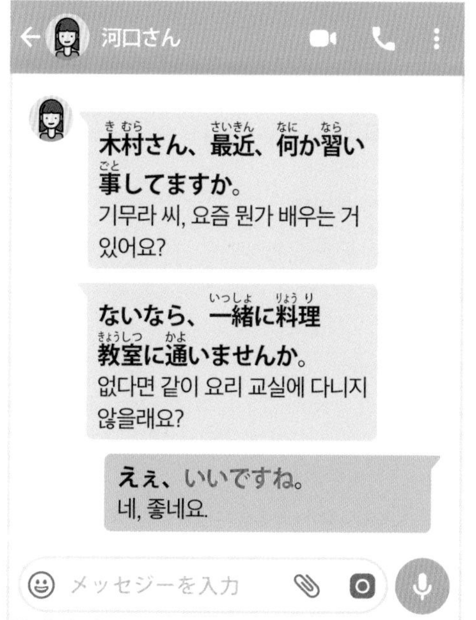

河口さん
木村(きむら)さん、最近(さいきん)、何(なに)か習(なら)い事(ごと)してますか。
기무라 씨, 요즘 뭔가 배우는 거 있어요?
ないなら、一緒(いっしょ)に料理(りょうり)教室(きょうしつ)に通(かよ)いませんか。
없다면 같이 요리 교실에 다니지 않을래요?
ええ、いいですね。
네, 좋네요.
メッセジーを入力

WORD

ない 없다

~なら ~이라면

料理(りょうり) 요리

教室(きょうしつ) 교실, 학원

通(かよ)う 다니다

TIP

習(なら)い事(ごと)

'배우다'라는 동사 '習(なら)う'에 '事(こと)(일, 것)'가 연결되어 취미 생활로 배우는 일을 뜻하는 말입니다.

Track 062

是非(ぜひ)。

꼭이요.

이 표현은 승낙과 동시에 반드시 그렇게 하고 싶다는 희망을 나타내는 표현이며 '무슨 일이 있어도' 등의 강한 뉘앙스가 포함됩니다. 상대방의 의견에 대답할 때는 '是非(ぜひ)'라고만 해도 되지만, 자신이 바라는 입장이라면 뒤에 '○○たい(○○하고 싶다)' 등과 같은 표현을 함께 사용합니다. 친한 사이에서는 이 표현과 비슷한 뜻으로 '絶対(ぜったい)'를 사용하기도 합니다.

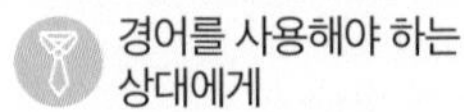

경어를 사용해야 하는 상대에게	**是非(ぜひ)とも。** 꼭이요. (좀 더 강한 표현) **是非(ぜひ)。** 꼭이요.
일반적인 관계인 상대에게	**是非是非(ぜひぜひ)。** 꼭꼭이요. (좀 더 강한 표현) **是非(ぜひ)。** 꼭이요.
친밀한 관계인 상대에게	**是非(ぜひ)。** 꼭이야. **絶対(ぜったい)。** 꼭.

Bonus '是非(ぜひ)'는 '是非(ぜひ)○○てみてください(꼭 ○○해 보세요)'와 같이 상대방에게 권유를 할 때도 사용할 수 있습니다.

02 예문으로 알아보기

是非(ぜひ)とも、参加(さんか)させていただきます。

꼭 참가하도록 하겠습니다.

是非(ぜひ)、また会(あ)いたいです。

꼭 다시 만나고 싶습니다.

今度(こんど)、絶対(ぜったい)行(い)こうね。

다음에 꼭 가자.

WORD

参加(さんか)する 참가하다

会(あ)う 만나다

今度(こんど) 이번, 다음

行(い)く 가다

TIP

~させていただく

'する'의 겸양 표현이며 자신이 하고자 하는 행위에 대해 상대방에게 허락을 받는 의미로 사용합니다.

03 일본인과 대화하기

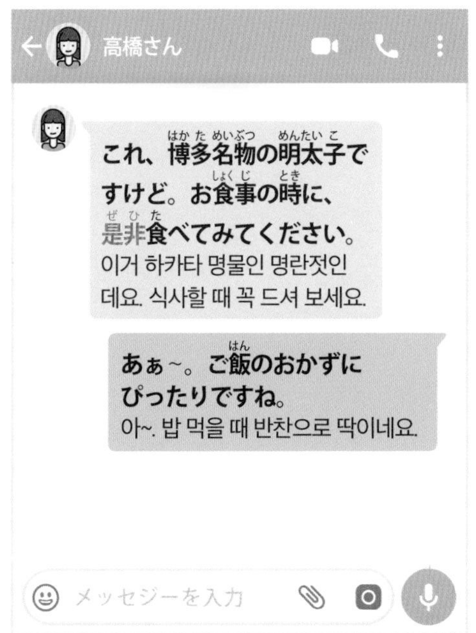

高橋さん
これ、博多(はかた)名物(めいぶつ)の明太子(めんたいこ)ですけど。お食事(しょくじ)の時(とき)に、是非(ぜひ)食(た)べてみてください。
이거 하카타 명물인 명란젓인데요. 식사할 때 꼭 드셔 보세요.
あぁ~。ご飯(はん)のおかずにぴったりですね。
아~. 밥 먹을 때 반찬으로 딱이네요.
メッセジーを入力

WORD

博多(はかた) 하카타 (규슈 후쿠오카에 있는 지명)

名物(めいぶつ) 명물(특산물)

明太子(めんたいこ) 명란젓

食事(しょくじ) 식사

時(とき) 때

おかず 반찬

TIP

ぴったり

'꼭 알맞은 모양, 착 들러붙는 모양' 등의 의미로 잘 어울린다고 할 때 쓰입니다.

PATTERN 063

Track 063

分(わ)かりました。

알겠어요.

이 표현은 상대방의 말을 충분히 이해했거나 상대방에 의견에 승낙할 때 사용합니다. 비즈니스에서는 윗사람 또는 거래처 사람들의 의견을 이해했다는 의미로 '承知(しょうち)いたしました'나 비슷한 표현인 'かしこまりました'를 자주 사용합니다. 또한 좀 더 친한 관계라면 '分(わ)かった'처럼 반말로 사용하면 됩니다.

01 네이티브 따라잡기

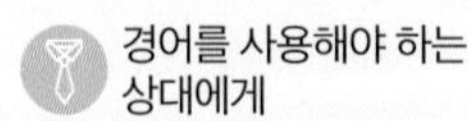

경어를 사용해야 하는 상대에게	**承知(しょうち)いたしました。** 알겠습니다. **かしこまりました。** 알겠습니다.
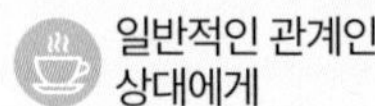 일반적인 관계인 상대에게	**分(わ)かりました。** 알겠어요.
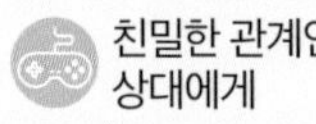 친밀한 관계인 상대에게	**分(わ)かった。** 알겠어.

Bonus 'かしこまりました'는 특히 서비스업에서 점원이 손님에게 사용하는 표현입니다.

02 예문으로 알아보기

承知(しょうち)いたしました。どうぞお任(まか)せください。

알겠습니다. 부디 맡겨 주십시오.

分(わ)かりました。明日(あした)までに準備(じゅんび)します。

알겠어요. 내일까지 준비할게요.

分(わ)かった。もう一度(いちど)やり直(なお)すよ。

알겠어. 다시 한번 할게.

WORD

任(まか)せる 맡기다

準備(じゅんび)する 준비하다

もう一度(いちど) 한번 더

やり直(なお)す 다시 하다

03 일본인과 대화하기

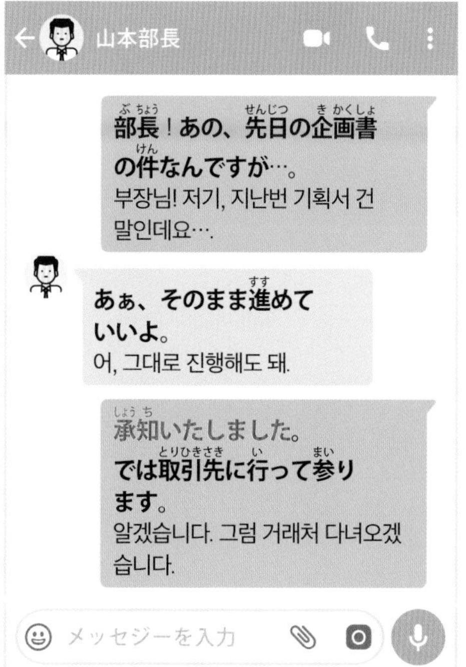

山本部長
部長(ぶちょう)！あの、先日(せんじつ)の企画書(きかくしょ)の件(けん)なんですが…。
부장님! 저기, 지난번 기획서 건 말인데요….
あぁ、そのまま進(すす)めていいよ。
어, 그대로 진행해도 돼.
承知(しょうち)いたしました。では取引先(とりひきさき)に行(い)って参(まい)ります。
알겠습니다. 그럼 거래처 다녀오겠습니다.
メッセジーを入力

WORD

部長(ぶちょう) 부장(님)

先日(せんじつ) 지난번

企画書(きかくしょ) 기획서

件(けん) 건

そのまま 그대로

進(すす)める 진행하다

取引先(とりひきさき) 거래처

行(い)って参(まい)る 다녀오다

TIP

部長(ぶちょう)

일본에서는 자신의 상사를 부를 때 '様(さま)(님)'와 같은 존칭을 사용하지 않습니다.

Track 064 

PATTERN 064

了解(りょうかい)しました。

알겠어요.

'了解(りょうかい)'는 어떤 내용이나 사정을 이해하고 승낙한다는 의미가 있습니다. 그래서 이 표현은 연령대도 다양하고 어떤 상황에서도 쓸 수 있기 때문에 많은 사람들이 선호하고 있습니다. 그러나 비즈니스에서는 다소 가벼운 표현이기 때문에 상대방이 윗사람이거나 중요한 상황에서는 사용하지 않는 것이 좋습니다. 친한 사이에서는 '了解(りょうかい)'와 '分(わ)かった'를 주로 사용합니다.

01 네이티브 따라잡기

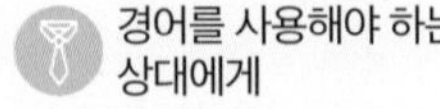 경어를 사용해야 하는 상대에게	**承知(しょうち)いたしました。** 알겠습니다.
 일반적인 관계인 상대에게	**了解(りょうかい)しました。** 알겠어요.
 친밀한 관계인 상대에게	**了解(りょうかい)。** 알겠어. **分(わ)かった。** 알겠어. **りょ。** ㅇㅋ. (了解(りょうかい)의 준말로, 문자메시지를 주고 받을 때 사용하는 표현)

Bonus '了解(りょうかい)です'라는 표현도 사용하기는 하지만 엄밀히 말하면 틀린 표현이기 때문에 '了解(りょうかい)しました'를 사용하는 것이 좋습니다.

02 예문으로 알아보기

承知いたしました。じゃあ、先に行ってます。

알겠습니다. 그럼 먼저 가 있을게요.

了解しました。代わりにやっておきます。

알겠어요. 대신 해 놓을게요.

了解。着いたら連絡するね。

알겠어. 도착하면 연락할게.

WORD

先に 먼저

代わりに 대신

~ておく ~해 놓다

着く 도착하다

連絡する 연락하다

03 일본인과 대화하기

WORD

先輩 선배

今から 지금부터, 이제

戻る 돌아가다

道 길

渋滞する 정체되다, 막히다

遅くなる 늦어지다

気を付ける 조심하다

TIP

社

일본 사회에서 같은 회사 사람(동료)들에게 자신의 회사나 사무실을 말할 때 사용합니다. '会社'의 준말입니다.

PATTERN 065 Track 065

すみません。

죄송합니다.

'(거절해서) 죄송합니다'란 뜻으로 주로 거절한다는 것을 돌려서 사과할 때 가장 많이 사용합니다. 또 거절하는 이유를 함께 말할 경우에는 'すみませんが(죄송합니다만)'처럼 'が'를 붙인 뒤, 이어서 이유를 말하면 됩니다. 비즈니스 관계에서는 '申(もう)し訳(わけ)ありません'이라고 하는 것이 좋으며, 친구처럼 편하게 말할 수 있는 상대라면 'すまない', 'ごめん', '悪(わる)い' 등의 표현도 사용할 수 있습니다.

01 네이티브 따라잡기

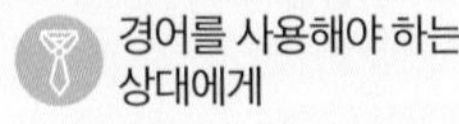 경어를 사용해야 하는 상대에게	**申(もう)し訳(わけ)ございません。** 죄송합니다. (가장 예의 바른 표현) **申(もう)し訳(わけ)ありません。** 죄송합니다.
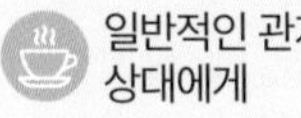 일반적인 관계인 상대에게	**すみません。** 죄송합니다.
친밀한 관계인 상대에게	**すまない。** 미안해. (주로 남자들이 쓰는 말) **ごめん。** 미안해. **悪(わる)い。** 미안. (주로 남자들이 쓰는 말)

Bonus 자연스럽게 반말로 거절하는 이유를 들 때는 '悪(わる)いけど(미안한데)'라고 말하면 됩니다.

02 예문으로 알아보기

申(もう)し訳(わけ)ありませんが、また次(つぎ)の機会(きかい)にお願(ねが)いします。

죄송합니다만 또 다음 기회에 부탁드립니다.

やっぱり、今回(こんかい)はやめます。すみません。

역시 이번에는 하지 않을게요. 죄송합니다.

ごめん。ちょっとそれは無理(むり)だね。

미안해. 그건 좀 무리야.

WORD

次(つぎ) 다음

機会(きかい) 기회

今回(こんかい) 이번

やめる 그만두다

無理(むり)だ 무리이다

03 일본인과 대화하기

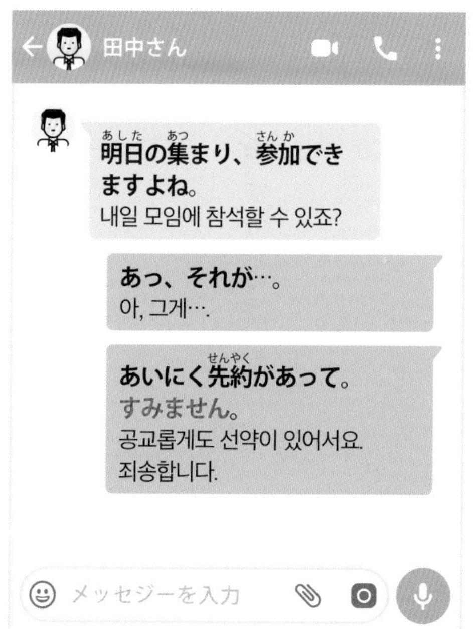

田中さん
明日(あした)の集(あつ)まり、参加(さんか)できますよね。
내일 모임에 참석할 수 있죠?
あっ、それが…。
아, 그게….
あいにく先約(せんやく)があって。すみません。
공교롭게도 선약이 있어서요. 죄송합니다.
メッセジーを入力

WORD

集(あつ)まり 모임

参加(さんか)する 참석하다

あいにく 공교롭게도, 마침

先約(せんやく) 선약

TIP

あいにく ~があって

'공교롭게도 ~이/가 있어서'라는 뜻으로 이유를 들어 정중하게 거절할 때 자주 사용하는 표현입니다.

PATTERN 066

ちょっと…。

좀….

Track 066

이 표현은 대답하기 곤란한 상황에서 완곡하게 거절할 때 주로 사용합니다. 또 이 말을 했을 때 상대방이 대부분 곤란해 하고 있다는 것을 이해할 수 있습니다. 'すみませんが(죄송합니다만)' 같은 거절 표현과 함께 사용하는 경우도 많습니다. 그러나 비즈니스 관계 또는 상대방이 윗사람인 경우 이 표현만으로는 실례가 될 수도 있기 때문에 사용하지 않는 편이 좋습니다.

01 네이티브 따라잡기

 경어를 사용해야 하는 상대에게	**申し訳**(もう わけ)**ありませんが**。죄송합니다만.
 일반적인 관계인 상대에게	**すみませんが、ちょっと**…。죄송합니다만 좀…. (좀 더 예의 바른 표현) **ちょっと**…。좀….
 친밀한 관계인 상대에게	**ちょっと**…。좀….

Bonus '○○はちょっと…(○○은/는 좀…)'와 같이 하나의 표현으로 외워 두어도 좋습니다.

02 예문으로 알아보기

申し訳ありませんが、お断りいたします。

죄송합니다만 거절하겠습니다.

残念ですが、今回はちょっと…。

아쉽지만 이번에는 좀….

ごめん。土曜日はちょっと…。

미안해. 토요일은 좀….

WORD

断る 거절하다

残念だ 아쉽다

土曜日 토요일

TIP

断る와 **拒む**

일본어로 '거절하다'라는 뜻의 동사는 '断る'와 '拒む' 등이 있는데, 일반적으로 상대방의 권유를 거절할 때에는 '断る'를 사용하면 됩니다.

03 일본인과 대화하기

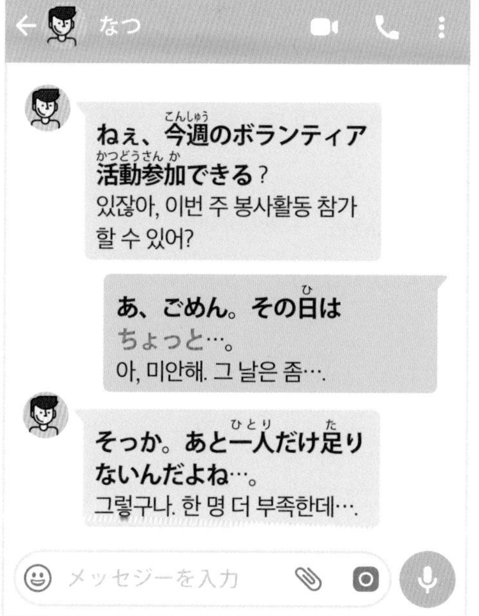

なつ
ねぇ、今週のボランティア活動参加できる？
있잖아, 이번 주 봉사활동 참가할 수 있어?
あ、ごめん。その日はちょっと…。
아, 미안해. 그 날은 좀….
そっか。あと一人だけ足りないんだよね…。
그렇구나. 한 명 더 부족한데….
メッセジーを入力

WORD

ボランティア 봉사

活動 활동

参加する 참가하다

足りない 부족하다

TIP

ボランティア活動

우리가 흔히 말하는 봉사활동은 'ボランティア活動'라고 하며, '奉仕活動'라는 말도 있으나 자주 사용하지 않습니다.

Track 067 

PATTERN 067 せっかくですが。

모처럼이지만.

이 표현은 상대방의 권유를 거절할 때 사용하며 상대방을 배려하는 표현입니다. '折角(せっかく)'처럼 한자로도 표기하며 원래 뜻은 '여러 가지 어려움을 무릅쓰고 일을 하는 것'으로, 일반적으로는 '일부러'란 뜻으로도 자주 사용합니다. 비즈니스 관계에서 자주 사용하는데 'せっかくの○○ですが'와 같이도 쓸 수 있습니다. 또 친한 관계에서는 'ですが' 대신 'だけど'를 사용하면 됩니다.

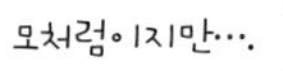

01 네이티브 따라잡기

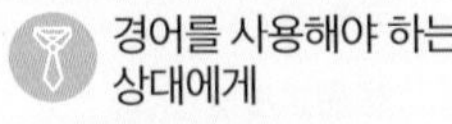 경어를 사용해야 하는 상대에게	**せっかくですが。** 모처럼이지만.
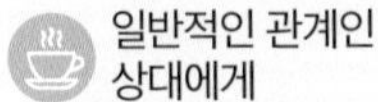 일반적인 관계인 상대에게	**せっかくの○○ですが。** 모처럼의 ○○이지만.
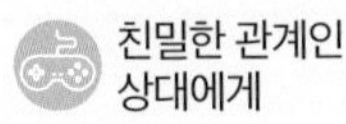 친밀한 관계인 상대에게	**せっかくだけど。** 모처럼이지만. **せっかくの○○だけど。** 모처럼의 ○○인데.

02 예문으로 알아보기

せっかくですが、今日(きょう)は欠席(けっせき)させていただきます。
모처럼이지만 오늘은 결석하겠습니다.

せっかくの機会(きかい)ですが、またお願(ねが)いします。
모처럼의 기회지만 다음에 부탁드립니다.

せっかくだけど、また今度(こんど)誘(さそ)ってね。
모처럼이지만 다음에 또 불러줘.

WORD

機会(きかい) 기회

また 또, 다음

誘(さそ)う 권유하다, 부르다

TIP

欠席(けっせき)する

한국에서는 '수업 등에 결석하다'라는 뜻으로만 사용하지만, 일본에서는 '결혼식, 회의 등에 불참하다'라는 뜻으로도 사용합니다.

03 일본인과 대화하기

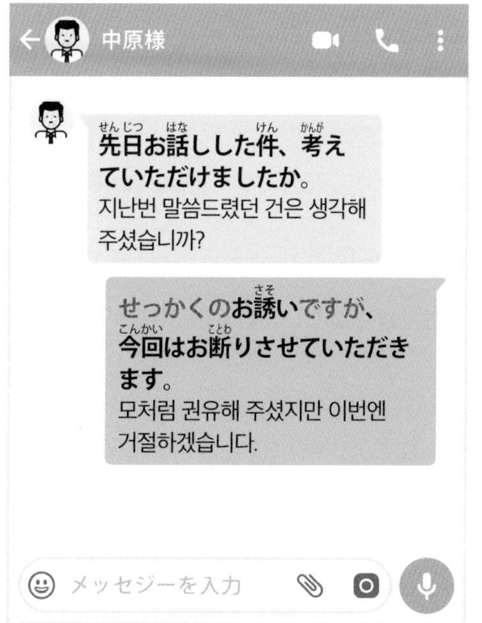

中原様
先日(せんじつ)お話(はな)しした件(けん)、考(かんが)えていただけましたか。
지난번 말씀드렸던 건은 생각해 주셨습니까?
せっかくのお誘(さそ)いですが、今回(こんかい)はお断(ことわ)りさせていただきます。
모처럼 권유해 주셨지만 이번엔 거절하겠습니다.
メッセジーを入力

WORD

先日(せんじつ) 지난번

話(はな)す 말하다

考(かんが)える 생각하다

(お)誘(さそ)い 권유

断(ことわ)る 거절하다

Track 068

PATTERN 068 お気持(きも)ちだけで充分(じゅうぶん)です。

마음만으로 충분해요.

이 표현은 상대방의 권유를 거절할 때, 특히 선물을 거절할 때 사용합니다. 그러나 이미 선물을 건네는 상황에서 이렇게 거절하게 되면 오히려 상대방이 기분이 나쁠 수도 있기 때문에 상대방이 뭔가를 제시하기 전에 미리 거절하는 것이 좋습니다. 비즈니스 관계에서 자주 사용하며 비슷한 표현으로 'お気持(きも)ちだけ頂戴(ちょうだい)します'도 있습니다.

01 네이티브 따라잡기

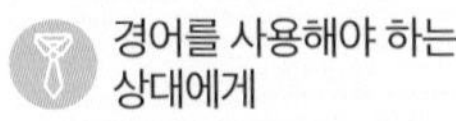

경어를 사용해야 하는 상대에게	**お気持(きも)ちだけで充分(じゅうぶん)です。** 마음만으로 충분합니다. **お気持(きも)ちだけ頂戴(ちょうだい)します。** 마음만 받겠습니다.
일반적인 관계인 상대에게	**お気持(きも)ちだけで充分(じゅうぶん)です。** 마음만으로 충분해요.
친밀한 관계인 상대에게	**気持(きも)ちだけで充分(じゅうぶん)。** 마음만으로 충분해. **気持(きも)ちだけで嬉(うれ)しい。** 마음만으로 기뻐.

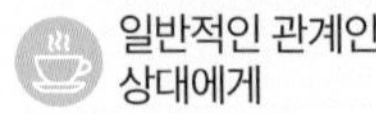

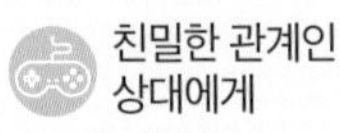

Bonus 앞에서 배웠던 'せっかく'와 같이 거절할 때 사용하는 표현과 함께 사용하면 더 좋습니다.

02 예문으로 알아보기

せっかくですが、お気持ちだけ頂戴します。
모처럼이지만 마음만 받겠습니다.

本当にお気持ちだけで充分ですから。
정말로 마음만으로 충분하다니까요.

プレゼントだなんて。その気持ちだけで嬉しいよ。
선물이라니. 그 마음만으로 기뻐.

WORD

プレゼント 선물
~**なんて** ~하다니, ~이라니

03 일본인과 대화하기

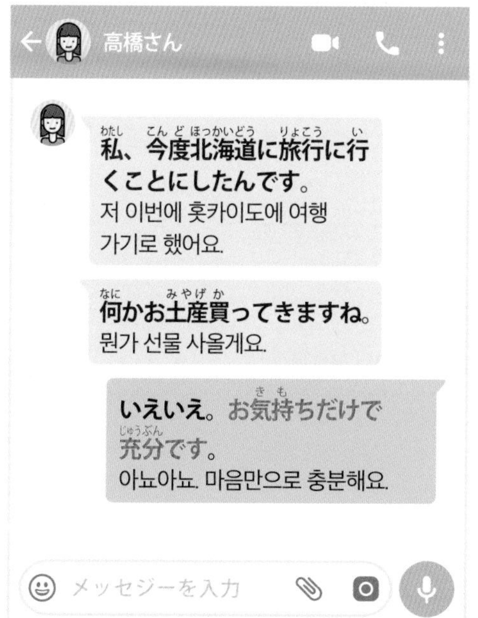

高橋さん
私、今度北海道に旅行に行くことにしたんです。
저 이번에 홋카이도에 여행 가기로 했어요.
何かお土産買ってきますね。
뭔가 선물 사올게요.
いえいえ。お気持ちだけで充分です。
아뇨아뇨. 마음만으로 충분해요.
メッセジーを入力

WORD

北海道 홋카이도(지명)
旅行に行く 여행을 가다
~**ことにする** ~하기로 하다
お土産 선물, 기념품
買ってくる 사오다

TIP

プレゼント 와 **お土産**

'プレゼント'는 생일이나 기념일 등에 주는 선물이고, 'お土産'는 여행에 갔다가 사오는 기념품이나 토산품을 말합니다. 일본에서는 보통 두 가지 단어를 구별해서 사용합니다.

Track 069

PATTERN 069

遠慮します。

사양할게요.

이 표현은 거절할 때 사용하는 표현입니다. 일반적으로는 '遠慮します'를 사용하며 겸양 표현을 써서 '遠慮させてもらいます'도 자주 사용합니다. 비즈니스 관계에서는 좀 더 정중하게 '遠慮させていただきます'라고 하며, 또 친한 사이에서는 '遠慮する'의 말 끝에 'ね', 'よ' 등의 종조사를 붙여서 사용하는 경우가 많습니다.

01 네이티브 따라잡기

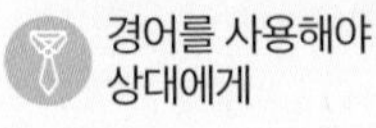 경어를 사용해야 하는 상대에게	**遠慮させていただきます。** 사양하겠습니다.
일반적인 관계인 상대에게	**遠慮させてもらいます。** 사양하겠습니다. (좀 더 예의 바른 표현) **遠慮します。** 사양할게요.
친밀한 관계인 상대에게	**遠慮するよ。** 사양할게. **遠慮するね。** 사양할게.

02 예문으로 알아보기

大変残念ですが、今回は遠慮させていただきます。

굉장히 아쉽지만 이번엔 사양하겠습니다.

今日は体の調子が優れないので、遠慮します。

오늘은 몸 상태가 좋지 않아서 사양할게요.

今日は仕事が残ってるから、遠慮するよ。

오늘은 일이 남아 있어서 사양할게.

WORD

残念だ 아쉽다

体の調子 몸 상태, 컨디션

優れない 좋지 않다

残って(い)る 남아 있다

TIP

体の調子

'体'는 '몸', '調子'는 '상태, 컨디션'이란 뜻이며 비슷한 말로 '体の具合'도 자주 사용합니다.

03 일본인과 대화하기

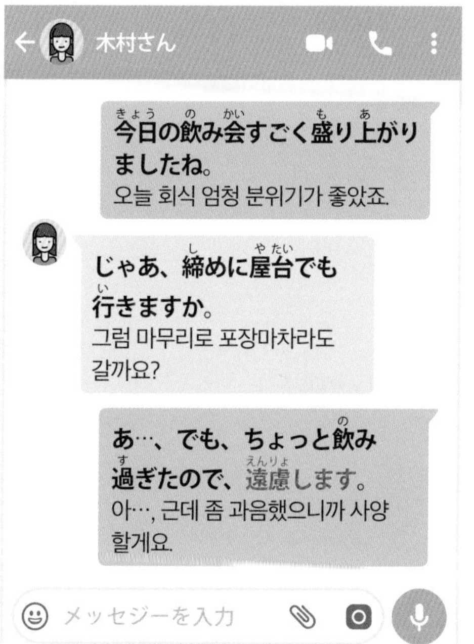

木村さん
今日の飲み会すごく盛り上がりましたね。
오늘 회식 엄청 분위기가 좋았죠.
じゃあ、締めに屋台でも行きますか。
그럼 마무리로 포장마차라도 갈까요?
あ…、でも、ちょっと飲み過ぎたので、遠慮します。
아…, 근데 좀 과음했으니까 사양할게요.
メッセジーを入力

WORD

飲み会 회식

盛り上がる 분위기가 고조되다

締め 마무리

屋台 포장마차

飲み過ぎる 과음하다

PATTERN 070

Track 070 

結構(けっこう)です。

됐습니다.

이 표현은 '충분하고, 만족한다'는 허가와 '더 이상 필요 없다'는 거절, 두 가지의 의미를 가지고 있습니다. 거절하는 표현은 일반적으로 윗사람이 아랫사람에게, 또는 동등한 입장에서 사용하기 때문에 윗사람에게 이 표현을 사용하면 실례가 될 수 있으니 주의해야 합니다. 대신 '遠慮(えんりょ)いたします'라고 하는 것이 가장 좋습니다. 또 친한 관계에서는 'いいよ'라고 하면 됩니다.

01 네이티브 따라잡기

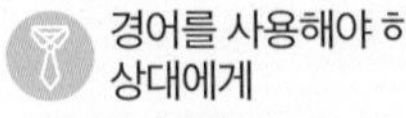 경어를 사용해야 하는 상대에게	**遠慮(えんりょ)いたします。** 사양하겠습니다.
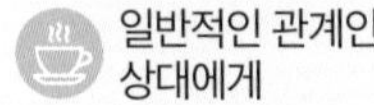 일반적인 관계인 상대에게	**結構(けっこう)です。** 됐습니다.
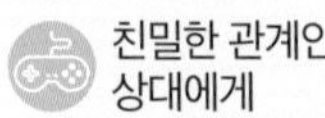 친밀한 관계인 상대에게	**いいよ。** 됐어.

Bonus 거절하는 표현은 식당이나 가게 등에서 점원에게 할 수도 있습니다.

02 예문으로 알아보기

せっかくですが、遠慮(えんりょ)いたします。
모처럼이지만 사양하겠습니다.

間(ま)に合(あ)ってますから、結構(けっこう)です。
충분하니까 됐습니다.

もうここでいいよ。
이제 여기서 됐어.

WORD

間(ま)に合(あ)う 충분하다
もう 이제
ここで 여기서

TIP

間(ま)に合(あ)う

'시간에 대다, 제때 가다'라는 뜻이지만, 진행형인 '間(ま)に合(あ)っている'처럼 쓰면 '충분하다'는 뜻으로 사용합니다.

03 일본인과 대화하기

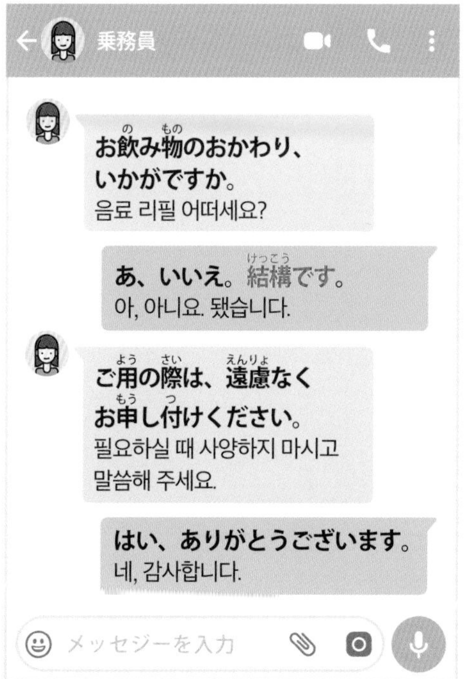

乗務員
お飲(の)み物(もの)のおかわり、いかがですか。
음료 리필 어떠세요?
あ、いいえ。結構(けっこう)です。
아, 아니요. 됐습니다.
ご用(よう)の際(さい)は、遠慮(えんりょ)なくお申(もう)し付(つ)けください。
필요하실 때 사양하지 마시고 말씀해 주세요.
はい、ありがとうございます。
네, 감사합니다.
メッセジーを入力

WORD

乗務員(じょうむいん) 승무원
飲(の)み物(もの) 음료
おかわり 리필
(ご)用(よう) 볼일, 용무, 용건
~の際(さい) ~할 때
申(もう)し付(つ)ける 말씀하시다

TIP

おかわり

같은 것을 몇 번씩 먹거나 마시는 것을 뜻하는 말이며 '리필'과 같이 사용할 수 있습니다.

일본 현지에서 쏙쏙 들리는 필수 표현을 익혀봅시다.

병원/약국에서

1. **問診票にご記入ください。**
   문진표를 기입해 주세요.

2. **どうなさいましたか。**
   어디가 불편해서 오셨어요?

3. **息を大きく吸って、吐いてください。**
   숨을 크게 들이 마시고 내뱉어 주세요.

4. **現在他の薬を飲んでいますか。**
   현재 복용하고 있는 다른 약이 있으세요?

5. **薬によるアレルギーや副作用はありますか。**
   약에 의한 알레르기나 부작용 있으세요?

6. **３日分の薬を出しておきます。**
   3일분 약을 처방해 드릴게요.

7. **この処方箋を薬局へ持っていってください。**
   이 처방전을 약국에 가져가세요.

8. **この薬は飲食の消化を促します。**
   이 약은 음식물의 소화를 도와줘요.

9. **一日３回、毎食後に飲んでください。**
   1일 3회 매 식후에 복용해 주세요.

10. **眠くなりますので、運転や機械の操作にはご注意ください。**
    졸음이 오기 때문에 운전이나 기계의 조작에는 주의해 주세요.

의견과 생각, 조언 표현

상대방을 헤아리며 자신의 의견이나 생각을 충분히 말할 수 있고
이를 토대로 상대방에게 조언을 해 주는 것은 회화에서의 가장 큰 핵심 중 하나가 아닐까요?
일본어로 어떠한 표현들이 있는지 알아봅시다.

Pattern 071 **どうですか。** 어때요?

Pattern 072 ○○**(ん)じゃないですか。** ○○이지 않아요?, ○○이잖아요.

Pattern 073 **知(し)っています。** 알고 있어요.

Pattern 074 ○○**と思(おも)います。** ○○라고 생각해요.

Pattern 075 ○○**気(き)がします。** ○○한 기분이 들어요.

Pattern 076 ○○**みたいです。** ○○인 것 같아요.

Pattern 077 ○○**でしょう。** ○○이겠죠.

Pattern 078 **言(い)う通(とお)りです。** 말하는 대로예요.

Pattern 079 ○○**なければいけません。** ○○해야 돼요.

Pattern 080 ○○**た方(ほう)がいいですよ。** ○○하는 게 좋아요.

PATTERN 071

Track 071 

どうですか。

어때요?

이 표현은 권유할 때뿐만 아니라 상대방의 의견이 궁금해서 의견을 물을 때 등 다양하게 사용할 수 있는 표현입니다. 비즈니스 관계에서나 윗사람의 의견을 물을 때는 'どうですか'의 정중한 표현인 'いかがでしょうか'나 'いかがですか'를 사용하면 됩니다. 또 친한 사이에서는 'どう'라고 반말로 말하면 됩니다.

01 네이티브 따라잡기

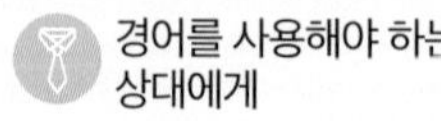 경어를 사용해야 하는 상대에게	**いかがでしょうか。** 어떠실까요? (가장 예의 바른 표현) **いかがですか。** 어떠세요?
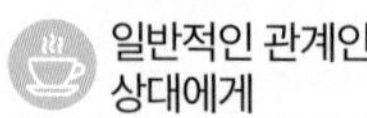 일반적인 관계인 상대에게	**どうですか。** 어때요? **どう思(おも)いますか。** 어떻게 생각해요?
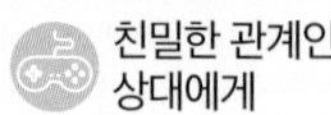 친밀한 관계인 상대에게	**どう(↗)。** 어때?

Bonus 비슷한 표현으로 'どう思(おも)いますか(어떻게 생각해요?)'도 사용할 수 있습니다.

02 예문으로 알아보기

明日(あす)のご都合(つごう)、いかがですか。

내일 일정 어떠세요?

この企画(きかく)、どうですか。

이 기획 어때요?

就活(しゅうかつ)はどう(↗)。うまくいってる(↗)。

취업 활동은 어때? 잘 되고 있어?

WORD

都合(つごう) 일정, 사정

企画(きかく) 기획

就活(しゅうかつ) 취업 활동

TIP

就活(しゅうかつ)

'就職活動(しゅうしょくかつどう)'의 준말입니다. 비슷하게 '結婚活動(けっこんかつどう)(결혼을 목적으로 하는 활동)'를 줄인 '婚活(こんかつ)'라는 단어도 있습니다.

03 일본인과 대화하기

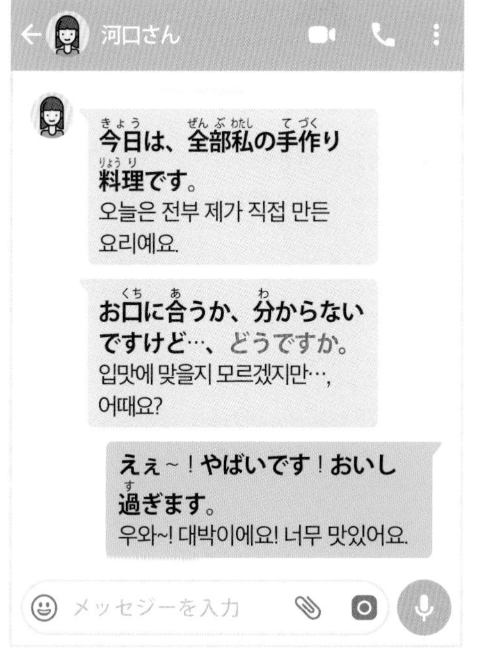

河口さん
今日(きょう)は、全部(ぜんぶ)私(わたし)の手作(てづく)り料理(りょうり)です。
오늘은 전부 제가 직접 만든 요리예요.
お口(くち)に合(あ)うか、分(わ)からないですけど…、どうですか。
입맛에 맞을지 모르겠지만…, 어때요?
えぇ~！やばいです！おいし過(す)ぎます。
우와~! 대박이에요! 너무 맛있어요.
メッセジーを入力

WORD

手作(てづく)り料理(りょうり) 직접 만든 요리

口(くち)に合(あ)う 입맛에 맞다

おいし過(す)ぎる 너무 맛있다

TIP

手作(てづく)り

'손으로 직접 만든 것'이란 뜻이며 다양한 물건에 사용할 수 있습니다. 비슷한 단어로 '自家製(じかせい)'란 단어가 있는데 이것은 주로 만든 것이 요리에 관련된 것일 경우에만 사용할 수 있습니다.

○○(ん)じゃないですか。

○○이지 않아요?, ○○이잖아요.

이 표현은 상대방의 의견을 묻거나 자신의 생각을 말할 때 두 가지 다 사용할 수 있습니다. 주로 긍정적인 의미로 다양하게 사용하는 표현이며 명사, 형용사, 동사에 각각 접속할 수 있습니다. 그러나 윗사람에게 이 표현을 사용하게 되면 실례가 되기 때문에 사용하지 않는 것이 좋습니다. 'ん'을 붙여 말하면 본인의 생각이 좀 더 들어가 강조하는 표현이 된다는 점도 알아두시면 좋습니다.

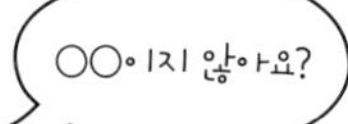

01 네이티브 따라잡기

경어를 사용해야 하는 상대에게	(사용할 수 없음)
일반적인 관계인 상대에게	**○○(ん)じゃないですか。** ○○이지 않아요?, ○○이잖아요.
친밀한 관계인 상대에게	**○○(ん)じゃない。** ○○이지 않아?, ○○이잖아. **○○(ん)じゃん。** ○○이잖아.

Bonus 이 표현은 한국어의 '~인 것 같다'와 비슷한 의미로 자신의 생각을 완곡하게 돌려 말할 때 사용하는 경우도 있습니다.

02 예문으로 알아보기

いくらなんでも、それは無理な話じゃないですか。

아무리 그래도 그건 무리한 이야기잖아요.

外国人とのコミュニケーションって、難しいんじゃないですか。

외국인과의 커뮤니케이션은 어렵지 않아요?

なかなかいい感じじゃない。

꽤 느낌이 좋은 것 같은데?

WORD

いくらなんでも 아무리 그래도

話 이야기, 말

外国人 외국인

コミュニケーション 커뮤니케이션

難しい 어렵다

なかなか 상당히, 꽤

03 일본인과 대화하기

WORD

~ことになる ~하게 되다

もともと 원래

休みの日 쉬는 날

急に 갑자기

代わる 바꾸다

言われる 말을 듣다

PATTERN 073

Track 073

知っています。

알고 있어요.

동사 '知る(알다)'를 사용하여 알고 있다는 의견을 나타낼 때 사용하는 표현입니다. '分かっています'라고 하는 비슷한 표현이 있으나 이 표현은 상대방에게 같은 이야기를 몇 번 들었거나 혹은 이미 이해하고 있다는 뜻이 되어 좋은 표현이 아니라는 점을 알아 두시는 게 좋습니다. 비즈니스 관계에서는 겸양어인 '存ずる(알다)'를 사용하여 윗사람에게 말할 수 있습니다.

01 네이티브 따라잡기

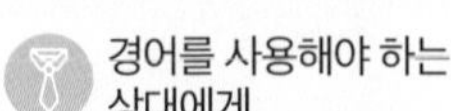

경어를 사용해야 하는 상대에게	**存じております。** 알고 있습니다. (알고 있는 대상이 사물, 사실일 경우) **存じ上げております。** 알고 있습니다. (알고 있는 대상이 사람일 경우)
일반적인 관계인 상대에게	**知っています。** 알고 있어요.
친밀한 관계인 상대에게	**知って(い)る。** 알고 있어.

Bonus '存ずる'는 '知る(알다)'와 '思う(생각하다)'의 겸양어입니다.

02 예문으로 알아보기

彼の活躍ぶりは、以前から存じ上げております。

그가 활약하는 모습은 이전부터 알고 있습니다.

彼女の事は、子供の頃からよく知っています。

그녀에 대해서는 어렸을 때부터 잘 알고 있어요.

私は、本当の事を知ってるよ。

나는 진실을 알고 있어.

WORD

活躍 활약

~ぶり ~하는 모습, 모양

以前 이전

~から ~부터

子供の頃 어렸을 때

TIP

本当の事

'진실'은 '真実'라고 하는데 '本当の事' 또한 '진실'이란 뜻으로 회화에서 자주 사용합니다.

03 일본인과 대화하기

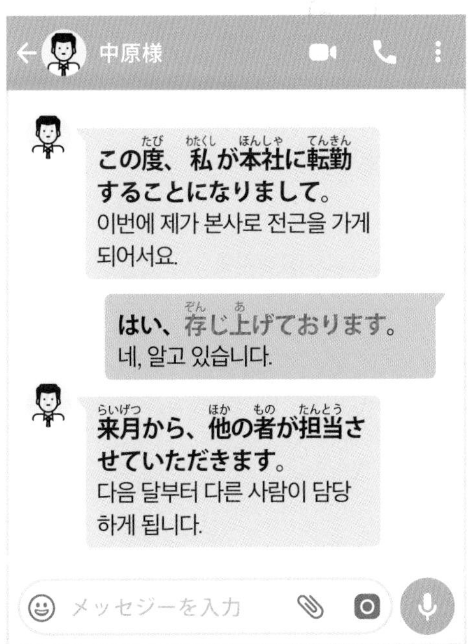

WORD

この度 이번에

本社 본사

転勤する 전근 가다

来月 다음 달

担当する 담당하다

PATTERN 074

Track 074

○○と思(おも)います。

○○라고 생각해요.

이 표현은 자신의 생각이나 의견을 말할 때 가장 많이 사용하는 표현입니다. 한국어의 '~인 것 같다'와 비슷한 표현으로 다양한 상황에서 사용할 수 있습니다. 비즈니스 관계 또는 윗사람에게 말할 때는 자신을 낮춘 겸양 표현인 '○○と存(ぞん)じます'라고 하는 것이 좋습니다. 친한 관계라면 반말로 '○○と思(おも)う'라고 하면 되는데 보통 회화에서는 말 끝에 'よ'를 붙입니다.

01 네이티브 따라잡기

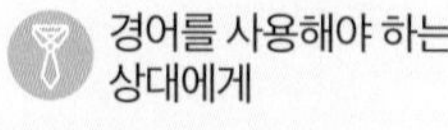 경어를 사용해야 하는 상대에게	**○○と存(ぞん)じます。** ○○라고 생각합니다.
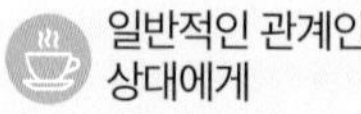 일반적인 관계인 상대에게	**○○と思(おも)います。** ○○라고 생각해요.
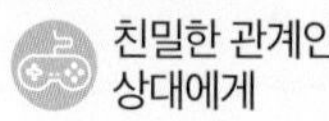 친밀한 관계인 상대에게	**○○と思(おも)う。** ○○라고 생각해.

Bonus 비슷한 표현 중 '考(かんが)える(생각하다)'란 동사가 있습니다. '考(かんが)える'는 구체적인 수단이나 방법 등 객관적인 판단으로 생각하는 것이고, '思(おも)う'는 자신이 감정적으로 느껴서 생각하는 것입니다. 두 가지 단어가 혼동 되지 않게 알아두면 좋습니다.

02 예문으로 알아보기

明日(あす)には、届(とど)くかと存(ぞん)じます。

내일은 도착할 거라고 생각합니다.

運動(うんどう)は、健康(けんこう)にいいと思(おも)います。

운동은 건강에 좋다고 생각해요.

夢(ゆめ)は、きっと叶(かな)うと思(おも)うよ。

꿈은 반드시 이루어진다고 생각해.

WORD

健康(けんこう) 건강

夢(ゆめ) 꿈

きっと 반드시

叶(かな)う 이루어지다

TIP

届(とど)く

'(택배나 소포 등의 물건이) 도착하다, 전달이 되다'라는 뜻으로 일본에서는 자주 사용하는 단어입니다.

03 일본인과 대화하기

WORD

服(ふく) 옷

新(あたら)しい 새롭다

週末(しゅうまつ) 주말

デパート 백화점

似合(にあ)う 어울리다

TIP

似合(にあ)っている

'似合(にあ)う'라는 단어는 항상 진행 형태로 표현해야 합니다. 따라서 '似合(にあ)っている'라고 써야 '어울리다'라는 뜻이 됩니다.

PATTERN 075

Track 075 

○○気(き)がします。

○○한 기분이 들어요.

이 표현은 '~인 것 같다'와 같이 조금 불확실하지만 자신의 생각을 말할 때 사용할 수 있습니다. 앞에서 배웠던 '○○と思(おも)います'보다 좀 더 완곡한 표현입니다. 그러나 비즈니스 관계에서는 불확실한 표현은 피하는 것이 좋기 때문에 사용하지 않는 것이 좋습니다. 일반적인 관계에서는 자주 사용할 수 있으며 형용사, 동사에 접속이 가능합니다.

01 네이티브 따라잡기

경어를 사용해야 하는 상대에게	(사용할 수 없음)
 일반적인 관계인 상대에게	**○○気(き)がします。** ○○한 기분이 들어요.
 친밀한 관계인 상대에게	**○○気(き)がする。** ○○한 기분이 들어.

Bonus 비슷한 표현으로 '○○ような気(き)がします(○○한 것 같은 기분이 들어요)'가 있는데 좀 더 추측의 의미가 강한 표현입니다.

02 예문으로 알아보기

前に一度、ここに来たことがある気がします。
예전에 한 번 여기에 온 적이 있는 기분이 들어요.

最近、ストレスが溜まってる気がします。
요즘 스트레스가 쌓여 있는 기분이 들어요.

なんだか、分かる気がする。
왠지 알 것 같아.

WORD

前に 예전에
一度 한번
~たことがある ~한 적이 있다
ストレス 스트레스
溜まって(い)る 쌓여 있다
なんだか 왠지

03 일본인과 대화하기

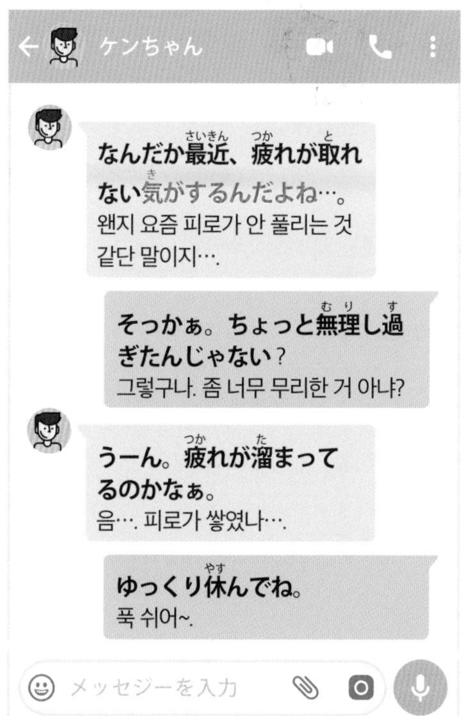

ケンちゃん
なんだか最近、疲れが取れない気がするんだよね…。
왠지 요즘 피로가 안 풀리는 것 같단 말이지….
そっかぁ。ちょっと無理し過ぎたんじゃない？
그렇구나. 좀 너무 무리한 거 아냐?
うーん。疲れが溜まってるのかなぁ。
음…. 피로가 쌓였나….
ゆっくり休んでね。
푹 쉬어~.
メッセジーを入力

WORD

疲れ 피로, 피곤
無理する 무리하다
ゆっくり 푹
休む 쉬다

TIP

~が取れない

'~が取れる'는 '~이/가 없어지다, 가시다'라는 뜻으로 앞에 '疲れ(피로)'나 'ストレス(스트레스)', '痛み(아픔)' 등이 올 수 있습니다.

PATTERN 076

Track 076

○○みたいです。

○○인 것 같아요.

이 표현은 자신의 생각을 추측하여 말하는 표현으로 특히 불확실한 일에 대해서 말할 때 사용합니다. 주로 회화에서 사용하며 명사, 형용사, 동사 모두 접속이 가능합니다. 좀 더 격식 차린 표현으로는 '○○ようです'를 사용하면 되지만 비즈니스상에서는 사용하지 않는 것이 좋습니다. 친한 사이에서는 '○○みたいだね'처럼 말 끝에 'ね'를 붙이는 게 더욱 자연스럽습니다.

01 네이티브 따라잡기

경어를 사용해야 하는 상대에게	(사용할 수 없음)
일반적인 관계인 상대에게	**○○ようです。** ○○인 것 같아요. (좀 더 예의 바른 표현) **○○みたいです。** ○○인 것 같아요.
친밀한 관계인 상대에게	**○○みたい。** ○○인 것 같아. **○○みたいだね。** ○○인 것 같네.

Bonus '○○ようです'의 경우, 명사에 접속할 땐 '○○のようです', な형용사에 접속할 땐 '○○なようです'라고 해야 합니다.

02 예문으로 알아보기

近くで、事故があったようです。
근처에서 사고가 있었던 것 같아요.

入口は、こっちみたいですよ。
입구는 이쪽인 것 같아요.

最近、目が悪くなったみたい。
요즘 눈이 나빠진 것 같아.

WORD

事故 사고
入口 입구
こっち 이쪽
目が悪くなる 눈이 나빠지다, 시력이 안 좋아지다

03 일본인과 대화하기

WORD

おかしい 이상하다
失くす 잃어버리다
財布 지갑
忘れてくる 두고 오다
すぐに 곧바로
戻る 돌아가다

TIP

失くす

'잃어버리다'라는 뜻으로 비슷하게 쓸 수 있는 표현은 '落とす'입니다. 또한 '忘れる'도 깜빡 해서 잊고 왔다는 뜻으로 쓸 수 있습니다.

Track 077 

○○でしょう。

○○이겠죠.

이 표현은 추측 표현 'だろう'의 정중체로 추측의 의미를 가지고 있으며 자신의 생각을 나타낼 때도 사용할 수 있습니다. 그러나 이 표현도 비즈니스상에서는 사용하지 않는 것이 좋고 일반적인 관계에서 주로 사용합니다. 회화에서는 좀 더 자연스러운 표현으로 말 끝에 'ね'를 붙여서 '○○でしょうね'처럼 말하는 경우가 많습니다.

01 네이티브 따라잡기

경어를 사용해야 하는 상대에게	(사용할 수 없음)
일반적인 관계인 상대에게	**○○でしょう。** ○○이겠죠. **○○でしょうね。** ○○이겠네요.
친밀한 관계인 상대에게	**○○でしょ。** ○○이겠지. **○○だろう。** ○○이겠지.

02 예문으로 알아보기

ご両親(りょうしん)も、きっと喜(よろこ)ばれるでしょう。

부모님도 반드시 기뻐하시겠죠.

そりゃ、みんな楽(たの)しみにしてるでしょうね。

그건 모두 기대하고 있겠네요.

まさか。それ、冗談(じょうだん)だろう。

설마. 그거 농담이겠지.

WORD

楽(たの)しみにする 기대하다

冗談(じょうだん) 농담

TIP

そりゃ

'それは'의 축약형으로 '그건'이라는 뜻입니다. 'これは(이것은)'은 'こりゃ'라고 축약하여 말할 수 있습니다.

03 일본인과 대화하기

WORD

降(ふ)る (비가) 내리다

天気予報(てんきよほう) 일기예보

雨(あめ) 비

たぶん 아마

にわか雨(あめ) 소나기

止(や)む 그치다, 멈추다

TIP

~出(だ)す

동사 ます형에 접속한 '出(だ)す'는 '갑자기 ~하기 시작하다'라는 뜻으로 회화에서 자주 사용하는 표현입니다.

PATTERN 078

Track 078 

言(い)う通(とお)りです。

말하는 대로예요.

이 표현은 상대방의 의견에 공감하거나 동의한다는 의미로 사용하는 표현입니다. 일반적인 관계에서는 주로 '言(い)う(말하다)'라는 동사를 그대로 사용하여 '言(い)う通(とお)りです'라고 할 수 있고, 비슷한 표현으로 'その通(とお)りです'라는 표현도 사용합니다. 비즈니스상에서는 말하는 사람을 높이는 존경어인 'おっしゃる(말씀하시다)'를 사용하여 윗사람에게 말할 수 있습니다.

01 네이티브 따라잡기

경어를 사용해야 하는 상대에게	**おっしゃる通(とお)りでございます。** 말씀하신 대로입니다. (가장 예의 바른 표현) **おっしゃる通(とお)りです。** 말씀하신 대로입니다.
일반적인 관계인 상대에게	**言(い)う通(とお)りです。** 말하는 대로예요. **その通(とお)りです。** 그대로예요.
친밀한 관계인 상대에게	**言(い)う通(とお)り。** 말하는 대로야. **その通(とお)り。** 그대로야.

02 예문으로 알아보기

正に、おっしゃる通りでございます。
확실히 말씀하신 대로입니다.

間違いなく、あなたの言う通りでした。
틀림없이 당신이 말하는 대로였어요.

考えてみると、お前の言う通りだったよ。
생각해 보면 네가 말하는 대로였어.

WORD

正に 확실히, 바로
間違いない 틀림없다
考える 생각하다
~**と** ~하면

TIP

あなた와 **お前**

'あなた'는 '당신, 너'라는 2인칭 대표 표현이며 'お前(너)'는 남자들이 친구를 부르거나 아랫사람을 부를 때 사용합니다.

03 일본인과 대화하기

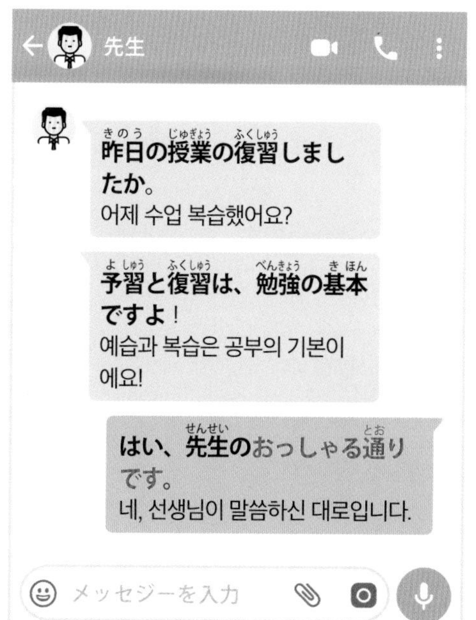

先生
昨日の授業の復習しましたか。
어제 수업 복습했어요?
予習と復習は、勉強の基本ですよ！
예습과 복습은 공부의 기본이에요!
はい、先生のおっしゃる通りです。
네, 선생님이 말씀하신 대로입니다.
メッセジーを入力

WORD

授業 수업
復習 복습
予習 예습
基本 기본

Track 079

○○なければいけません。

○○해야 돼요.

이 표현은 동사 ない형에 접속을 하는 형태로 주로 상대방에게 조언할 때 사용합니다. 또 스스로 강하게 결심할 때에 사용하기도 합니다. 그러나 약간 강한 표현이기 때문에 상대방에게 말할 때는 조금 주의하는 것이 좋습니다. 따라서 비즈니스상에서는 이 표현을 잘 사용하지 않습니다. 친한 사이에서는 '○○なきゃいけない', '○○なきゃだめ'처럼 사용하면 됩니다.

01 네이티브 따라잡기

경어를 사용해야 하는 상대에게	(사용할 수 없음)
일반적인 관계인 상대에게	**○○なければいけません。** ○○해야 돼요. (좀 더 예의 바른 표현) **○○なきゃいけないです。** ○○해야 돼요. **○○なきゃだめです。** ○○해야 돼요.
친밀한 관계인 상대에게	**○○なきゃいけない。** ○○해야 돼. **○○なきゃだめ。** ○○해야 돼. **○○なきゃ。** ○○해야 돼.

Bonus 회화에서는 'なければ'를 'なきゃ'로 축약하고, 'いけません'을 'だめです'라고 하면 더욱 자연스럽게 말할 수 있습니다.

02 예문으로 알아보기

目上(めうえ)の人(ひと)には、敬語(けいご)を使(つか)わなければいけません。
손윗사람에게는 경어를 사용해야 돼요.

日本(にほん)では、車(くるま)も人(ひと)も左側(ひだりがわ)を通(とお)らなきゃいけないです。
일본에서는 차도 사람도 왼쪽으로 지나가야 돼요.

遅(おく)れる時(とき)は、ちゃんと連絡(れんらく)しなきゃだめよ。
늦을 때는 확실히 연락해야 돼.

WORD

目上(めうえ)の人(ひと) 손윗사람
敬語(けいご) 경어
車(くるま) 차(자동차)
左側(ひだりがわ) 왼쪽(좌측)
通(とお)る 지나다, 지나가다
遅(おく)れる 늦다
ちゃんと 제대로, 확실히

03 일본인과 대화하기

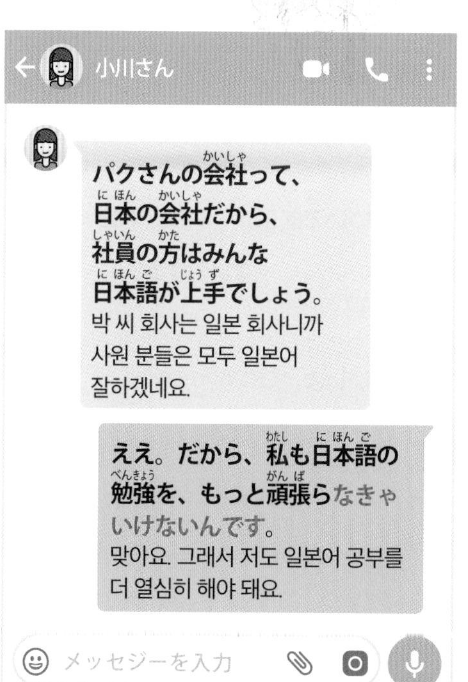

小川さん
パクさんの会社(かいしゃ)って、日本(にほん)の会社(かいしゃ)だから、社員(しゃいん)の方(かた)はみんな日本語(にほんご)が上手(じょうず)でしょう。
박 씨 회사는 일본 회사니까 사원 분들은 모두 일본어 잘하겠네요.
ええ。だから、私(わたし)も日本語(にほんご)の勉強(べんきょう)を、もっと頑張(がんば)らなきゃいけないんです。
맞아요. 그래서 저도 일본어 공부를 더 열심히 해야 돼요.
メッセジーを入力

WORD

会社(かいしゃ) 회사
社員(しゃいん) 사원
上手(じょうず)だ 잘하다

TIP

~の方(かた)

'方'는 '~쪽, ~편'과 같이 방향을 가리킬 때는 'ほう'라고 읽고, '~분'과 같이 사람을 높여 부를 때는 'かた'라고 읽습니다.

Track 080 

○○た方がいいですよ。

○○하는 게 좋아요.

이 표현은 동사 た형에 접속을 하는 형태로 상대방에게 조언할 때 쓰는 가장 일반적인 표현입니다. 보통 말 끝에 종조사 'よ'를 붙이는 것이 자연스럽습니다. 만약 좀 더 상대방에게 조심스럽게 말하려면 '○○たほうがいいんじゃないですか'처럼 의견을 묻듯이 말할 수도 있습니다. 단 비즈니스 관계나 윗사람에게는 이 표현은 적절하지 않습니다.

경어를 사용해야 하는 상대에게	(사용할 수 없음)
일반적인 관계인 상대에게	**○○た方がいいですよ。** ○○하는 게 좋아요. **○○た方がいいんじゃないですか。** ○○하는 게 좋지 않겠어요?
친밀한 관계인 상대에게	**○○た方がいいよ。** ○○하는 게 좋아. **○○た方がいいんじゃない(↗)。** ○○하는 게 좋지 않겠어?

02 예문으로 알아보기

ビタミンをたくさん摂(と)った方(ほう)がいいですよ。
비타민을 많이 섭취하는 게 좋아요.

予約(よやく)をした方(ほう)がいいんじゃないですか。
예약을 하는 게 좋지 않겠어요?

もう少(すこ)し待(ま)った方(ほう)がいいよ。
조금 더 기다리는 게 좋아.

WORD

ビタミン 비타민
たくさん 많이
摂(と)る 섭취하다
予約(よやく) 예약
待(ま)つ 기다리다

03 일본인과 대화하기

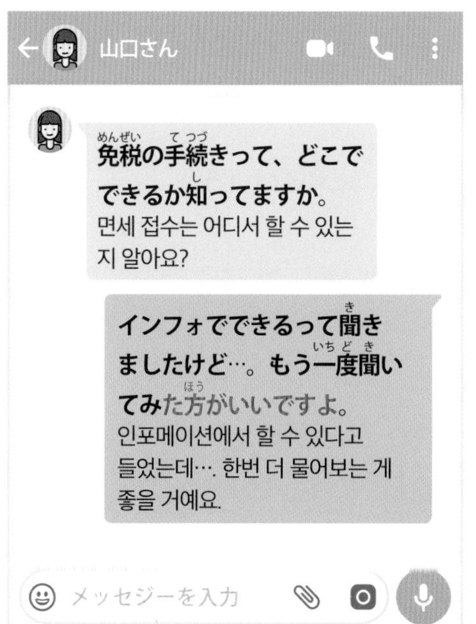

山口さん
免税(めんぜい)の手続(てつづ)きって、どこでできるか知(し)ってますか。
면세 접수는 어디서 할 수 있는지 알아요?
インフォでできるって聞(き)きましたけど…。もう一度(いちど)聞(き)いてみた方(ほう)がいいですよ。
인포메이션에서 할 수 있다고 들었는데…. 한번 더 물어보는 게 좋을 거예요.
メッセジーを入力

WORD

免税(めんぜい) 면세
手続(てつづ)き 수속, 접수
インフォ 인포메이션
('インフォメーション'의 준말)
もう一度(いちど) 한번 더

TIP

聞(き)く
'듣다, 묻다' 두 가지 뜻이 있습니다. 묻는다는 의미로 쓸 때 좀 더 정중한 표현을 원한다면 '尋(たず)ねる(묻다)'라고 하면 됩니다.

일본 현지에서 쏙쏙 들리는 필수 표현을 익혀봅시다.

관공서에서

1. **番号札(ばんごうふだ)を取(と)って、お待(ま)ちください。**

   번호표를 뽑고 잠시 기다려 주세요.

2. **お掛(か)けになって、お待(ま)ちください。**

   잠시 앉아서 기다려 주세요.

3. **申請書(しんせいしょ)にご記入(きにゅう)ください。**

   신청서에 기입해 주세요.

4. **申込書(もうしこみしょ)、顔写真(かおじゃしん)、パスポートが必要(ひつよう)です。**

   신청서와 증명사진, 여권이 필요합니다.

5. **1番(ばん)の窓口(まどぐち)へどうぞ。**

   1번 창구로 오세요.

6. **身分証明書(みぶんしょうめいしょ)をご提示(ていじ)ください。**

   신분증명서를 제시해 주세요.

7. **インターネットバンキングのサービスはご希望(きぼう)でしょうか。**

   인터넷뱅킹 서비스를 신청하고 싶으세요?

8. **中身(なかみ)は何(なに)が入(はい)っていますか。**

   안에는 뭐가 들어있나요?

9. **ご署名(しょめい)とご捺印(なついん)をお願(ねが)いします。**

   서명과 날인 부탁드립니다.

10. **受取窓口(うけとりまどぐち)にてお受(う)け取(と)りください。**

    우편물 찾는 곳에서 받아 가세요.

나무람과 위로 표현

사람들과 이야기하다 보면 어쩌다 상대방에게 다소 불쾌감을 느껴 나무라거나
축 처져있는 상대방을 위해 힘을 복 돋아 주는 위로의 말을 건네기도 하지요.
일본어에서는 직접적이지 않게 표현해야 하는 것이 중요한데요. 한번 알아봅시다.

- Pattern 081 **だめです。** 안 돼요.
- Pattern 082 **どういうことですか。** 무슨 소리예요?
- Pattern 083 **やめてください。** 그만하세요.
- Pattern 084 **とぼけないでください。** 시치미 떼지 마세요.
- Pattern 085 **からかわないでください。** 놀리지 마세요.
- Pattern 086 **大丈夫(だいじょうぶ)ですよ。** 괜찮을 거예요.
- Pattern 087 **頑張(がんば)ってください。** 힘내세요.
- Pattern 088 **大変(たいへん)でしたね。** 힘들었겠네요.
- Pattern 089 **残念(ざんねん)でしたね。** 아쉬웠겠네요.
- Pattern 090 **お気(き)の毒(どく)ですね。** 참 안됐네요.

PATTERN
081 だめです。

Track 081

안 돼요.

이 표현은 주로 나무라는 표현으로 사용하지만 거절, 조언할 때 등 다양한 상황에서 사용할 수 있습니다. 그러나 이 표현은 강한 뉘앙스여서 상대방의 기분을 생각하고 사용하는 것이 좋습니다. 특히 비즈니스 관계에서는 조금 돌려서 'よくないです'라고 하는 것이 좋습니다. 친한 관계라면 'だめ'라고 반말로 말하면 되는데 가타카나로 'ダメ'라고 하기도 합니다.

01 네이티브 따라잡기

경어를 사용해야 하는 상대에게	**よくないです。** 좋지 않습니다.
일반적인 관계인 상대에게	**だめです。** 안 돼요. **いけません。** 안 됩니다.
친밀한 관계인 상대에게	**だめ。** 안 돼. **ダメ。** 안 돼. (문자메시지를 주고 받을 때 사용하는 표현)

Bonus 앞에서 배웠던 표현과 같이 '○○てはいけません(○○하면 안 됩니다)', '○○てはだめです(○○하면 안 돼요)' 처럼 사용하는 경우도 많습니다.

02 예문으로 알아보기

連絡(れんらく)しないで、訪問(ほうもん)するのはよくないですね。
연락하지 않고 방문하는 것은 좋지 않네요.

相手(あいて)の許可(きょか)もなく、決(き)めるのはだめです。
상대방의 허락도 없이 정하는 것은 안 돼요.

そんなに雑(ざつ)に使(つか)っちゃだめだよ。
그렇게 거칠게 쓰면 안 돼.

WORD

訪問(ほうもん)する 방문하다
相手(あいて) 상대방
許可(きょか) 허가
~もなく ~도 없이
決(き)める 정하다, 결정하다
雑(ざつ)だ 엉성하다, 거칠다

03 일본인과 대화하기

坂口くん
うわぁ！新(あたら)しいカメラ買(か)ったんだ~。
우와! 새로운 카메라 샀구나~.
うん、ついに！バイト代(だい)貯(た)めてね。
응, 드디어! 아르바이트비 모아서 샀어.
へぇ~、私(わたし)もちょっと借(か)りてもいい？
아~, 나도 잠깐 빌려도 돼?
ダメだよ~！
안 돼~!
メッセジーを入力

WORD

カメラ 카메라
ついに 드디어
バイト代(だい) 아르바이트비 (아르바이트로 번 돈)
貯(た)める 모으다, 저축하다
借(か)りる 빌리다

TIP

~代(だい)
일본어로 '명사+代(だい)'는 '○○요금'이란 뜻인데, 'アルバイト代(だい)'처럼 '일을 해서 번 돈'이란 뜻으로도 사용합니다.

PATTERN 082

どういうことですか。

무슨 소리예요?

Track 082

이 표현은 상대방의 말을 이해하지 못했을 때 어떤 의미인지 묻는 표현입니다. 또 이해를 했음에도 불구하고 기분이 나쁜 경우, 무슨 뜻이냐고 상대방에게 따질 수 있는 표현이기도 합니다. 그렇기 때문에 비즈니스상에서는 사용하지 않는 것이 좋습니다. 일반적인 관계에서 주로 사용하며 비슷한 표현으로 'どういう意味(いみ)ですか'도 있습니다.

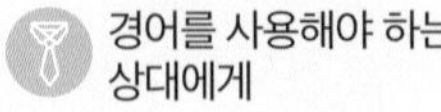 경어를 사용해야 하는 상대에게	(사용할 수 없음)
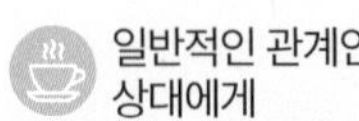 일반적인 관계인 상대에게	**どういうことですか。** 무슨 소리예요? **どういう意味(いみ)ですか。** 무슨 뜻이에요?
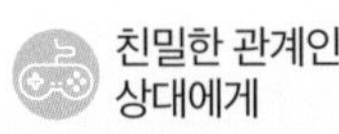 친밀한 관계인 상대에게	**どういうこと(↗)。** 무슨 소리야? **どういう意味(いみ)(↗)。** 무슨 뜻이야?

Bonus 회화에서는 'どういう'를 'どーゆー'와 같이 편하게 발음하기도 합니다.

02 예문으로 알아보기

今更無理(いまさらむり)だなんて、どういうことですか。

이제 와서 무리라니 무슨 소리예요?

一体(いったい)、どういう意味(いみ)ですか。

도대체 무슨 뜻이에요?

全部嘘(ぜんぶうそ)だったって、どういうこと(↗)。

전부 거짓말이었다니 무슨 소리야?

WORD

今更(いまさら) 이제 와서

無理(むり)だ 무리이다

一体(いったい) 도대체

嘘(うそ) 거짓말

03 일본인과 대화하기

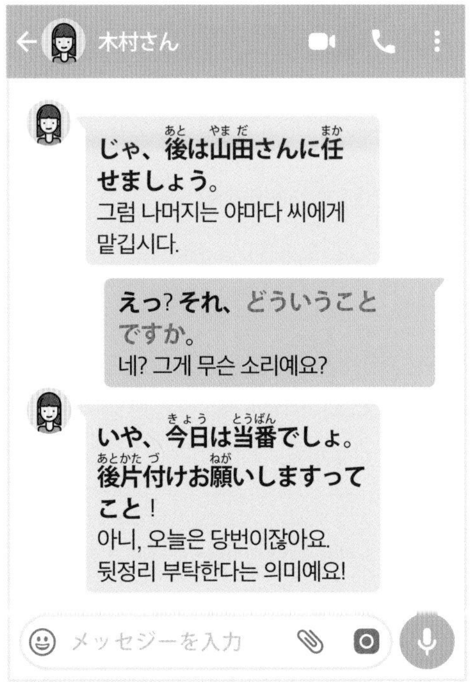

WORD

後(あと) 나머지, 뒷일

任(まか)せる 맡기다

当番(とうばん) 당번

後片付(あとかたづ)け 뒷정리

TIP

任(まか)せる와 預(あず)ける

'任(まか)せる'는 일, 책임, 권한 등 추상적인 것을 맡기는 것입니다. 비슷한 표현인 '預(あず)ける'는 돈이나 짐, 물건 등 구체적인 것을 맡긴다는 뜻으로 사용합니다.

PATTERN
083
Track 083

やめてください。
그만하세요.

이 표현은 'やめる(그만두다)'라는 동사를 써서 나무라는 표현 중에서도 조금 강한 표현입니다. 뉘앙스가 강하기 때문에 비즈니스상에서는 사용하지 않으며 일반적인 관계에서도 주의해야 합니다. 비슷한 표현으로 'いい加減(かげん)にしてください'란 표현도 있으나 이 표현도 뉘앙스가 강하므로 주의하면서 사용하는 것이 좋습니다.

경어를 사용해야 하는 상대에게	(사용할 수 없음)
 일반적인 관계인 상대에게	**やめてください。** 그만하세요. **いい加減(かげん)にしてください。** 적당히 하세요. (좀 더 친한 사이)
 친밀한 관계인 상대에게	**やめて。** 그만해. **いい加減(かげん)にして。** 적당히 해. **やめろ。** 그만해라.

Bonus 친밀한 관계인 상대의 경우 'やめろ(그만해라)'라고도 할 수 있는데 이 표현은 명령형이기 때문에 더욱 강한 뉘앙스가 됩니다.

02 예문으로 알아보기

電車(でんしゃ)の中(なか)で通話(つうわ)するのは、やめてください。
전철 안에서 통화하는 것은 그만하세요.

あの人(ひと)の悪口(わるぐち)を言(い)うのは、やめてください。
그 사람을 욕하는 것은 그만하세요.

もういい加減(かげん)にして。これ以上(いじょう)、散(ち)らかさないで。
이제 적당히 해. 더 이상 어지럽히지 마.

WORD

電車(でんしゃ) 전철
通話(つうわ)する 통화하다
あの人(ひと) 저(그) 사람
悪口(わるぐち)を言(い)う 욕하다
これ以上(いじょう) 더 이상
散(ち)らかす 어지럽히다

03 일본인과 대화하기

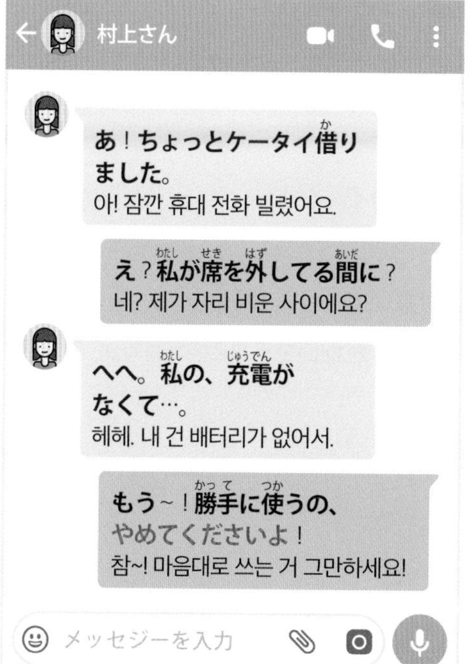

村上さん
あ！ちょっとケータイ借(か)りました。
아! 잠깐 휴대 전화 빌렸어요.
え？私(わたし)が席(せき)を外(はず)してる間(あいだ)に？
네? 제가 자리 비운 사이에요?
へへ。私(わたし)の、充電(じゅうでん)がなくて…。
헤헤. 내 건 배터리가 없어서.
もう~！勝手(かって)に使(つか)うの、やめてくださいよ！
참~! 마음대로 쓰는 거 그만하세요!
メッセジーを入力

WORD

ケータイ 휴대 전화
席(せき)を外(はず)す 자리를 비우다
間(あいだ) 사이
勝手(かって)に 멋대로, 마음대로

TIP

充電(じゅうでん)がない

원래 '充電(じゅうでん)'은 '충전'이라는 뜻인데, 일본에서는 '배터리가 없다'고 할 때 'バッテリー'가 아니라 이 단어를 써서 '充電(じゅうでん)がない'라고 합니다.

PATTERN 084

Track 084

とぼけないでください。

시치미 떼지 마세요.

이 표현은 '시치미 떼다'라는 뜻의 동사 'とぼける'를 사용하여 일부러 모르는 척하는 상대방에게 사용하는 표현입니다. 그러나 이 표현도 강한 뉘앙스가 되기 때문에 비즈니스상에서는 사용하지 않습니다. 일반적인 관계에서도 친구나 동료 같이 조금 편한 사이에서만 사용할 수 있습니다. 친한 사이에서는 비슷한 표현으로 'しらばっくれないで'라는 표현도 있습니다.

01 네이티브 따라잡기

 경어를 사용해야 하는 상대에게	(사용할 수 없음)
 일반적인 관계인 상대에게	**とぼけないでください。** 시치미 떼지 마세요. (좀 더 친한 사이)
 친밀한 관계인 상대에게	**とぼけないで。** 시치미 떼지 마. **しらばっくれないで。** 모르는 척 하지 마.

02 예문으로 알아보기

話(はなし)は全部(ぜんぶ)聞(き)きましたから、とぼけないでください。

이야기는 전부 들었으니까 시치미 떼지 마세요.

もういい加減(かげん)、とぼけないで。

이제 적당히 좀, 시치미 떼지 마.

しらばっくれないで、白状(はくじょう)しろ。

모르는 척하지 말고 자백해라.

WORD

話(はなし) 이야기, 말

全部(ぜんぶ) 전부, 다

白状(はくじょう)する 자백하다

TIP

いい加減(かげん)

'적당히, 그만'이란 뜻의 부사로 사용할 수도 있습니다.

03 일본인과 대화하기

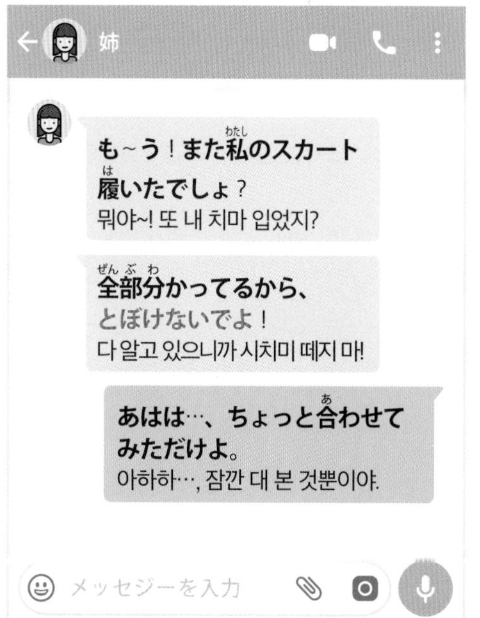

姉
も~う！また私(わたし)のスカート履(は)いたでしょ？
뭐야~! 또 내 치마 입었지?
全部分(ぜんぶわ)かってるから、とぼけないでよ！
다 알고 있으니까 시치미 떼지 마!
あはは…、ちょっと合(あ)わせてみただけよ。
아하하…, 잠깐 대 본 것뿐이야.
メッセジーを入力

WORD

スカート 치마

履(は)く 입다, 신다

合(あ)わせる 대다, 맞추다

TIP

履(は)く와 **着(き)る**

일본어로 옷을 착용할 때 표현이 두 가지 있습니다. 상의는 '着(き)る'를, 치마나 바지 등 하의는 '履(は)く'를 구분해서 사용해야 합니다. 신발이나 양말을 신을 때도 '履(は)く'를 사용합니다.

Track 085 

からかわないでください。

놀리지 마세요.

이 표현은 '놀리다'라는 뜻의 동사 'からかう'를 써서 상대방을 나무랄 때 주로 사용하는 표현입니다. 비즈니스 관계를 제외한 일반적인 관계, 친한 관계에서 주로 사용합니다. 친한 사이에서는 나무라는 것이 아니라 조금 장난스러운 뉘앙스로 사용하기도 합니다. 비슷한 표현으로 'ふざけないで'가 있으며 이 표현은 좀 더 강한 표현이기 때문에 사용할 때 주의가 필요합니다.

01 네이티브 따라잡기

경어를 사용해야 하는 상대에게	(사용할 수 없음)
일반적인 관계인 상대에게	**からかわないでください。** 놀리지 마세요.
친밀한 관계인 상대에게	**からかわないで。** 놀리지 마. **ふざけないで。** 장난 치지 마.

02 예문으로 알아보기

私(わたし)は本気(ほんき)なんですから、からかわないでください。

나는 진심이니까 놀리지 마세요.

ちょっと間違(まちが)えたからって、からかわないでよ。

조금 틀렸다고 놀리지 마.

ふざけないで、真剣(しんけん)に考(かんが)えてよ。

장난 치지 말고 진지하게 생각해 줘.

WORD

間違(まちが)える 틀리다, 실수하다

真剣(しんけん)だ 진지하다

TIP

本気(ほんき)

'진심, 본심'이란 뜻입니다. '真心(まごころ)'는 '정성'이란 뜻으로, 헷갈리기 쉬우니 알아두시면 좋습니다.

03 일본인과 대화하기

ケンちゃん
ねぇ、この前(まえ)、合(ごう)コンしたんだって？
있잖아, 저번에 미팅했다며?
あ…、急(きゅう)に呼(よ)び出(だ)されて、行(い)っただけだよ。
아…, 갑자기 불러내서 간 것 뿐이야.
で、気(き)に入(い)った人(ひと)いたの？
그래서 마음에 든 사람 있었어?
だから、違(ちが)うって！からかわないでよ。
그러니까 아니라고! 놀리지 마.
メッセジーを入力

WORD

合(ごう)コン (남녀가 여럿이서 하는) 미팅

呼(よ)び出(だ)す 호출하다, 불러내다

気(き)に入(い)る 마음에 들다

TIP

違(ちが)う

상대가 한 말에 대해 아니라고 강조해서 부정하는 표현입니다. '違(ちが)う'는 '틀리다, 다르다' 등의 여러 의미를 가지고 있으므로 주의해야 합니다.

Track 086

PATTERN 086

大丈夫ですよ。

괜찮을 거예요.

이 표현은 상대방을 위로할 때 사용합니다. '大丈夫だ'가 '괜찮다'는 뜻이라는 것을 이미 알고 계시겠지만 'ですよ'를 연결하면 '~일 거예요'라는 뜻이 되어 위로의 표현으로 사용할 수 있습니다. 그러나 윗사람에게 이 표현은 적절하지 않기 때문에 비슷한 표현을 사용하고 싶다면 '問題ありませんよ'라고 하면 됩니다. 보통 일반적인 관계, 친한 사람들 사이에서 위로할 때 자주 사용합니다.

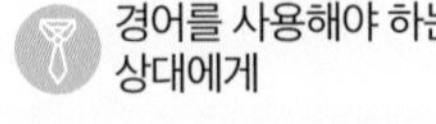

問題ありませんよ。 문제 없을 겁니다.

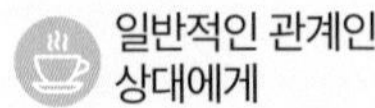

大丈夫ですよ。 괜찮을 거예요.

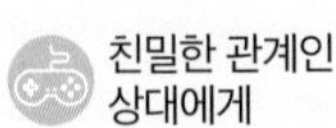

大丈夫だよ。 괜찮을 거야.

大丈夫。 괜찮아.

02 예문으로 알아보기

その取引(とりひき)に関(かん)しては、全(まった)く問題(もんだい)ありませんよ。
그 거래에 관해서는 전혀 문제 없을 겁니다.

手術(しゅじゅつ)は無事(ぶじ)に終(お)わったから、大丈夫(だいじょうぶ)ですよ。
수술은 무사히 끝났으니까 괜찮을 거예요.

そんなに心配(しんぱい)しなくても、大丈夫(だいじょうぶ)だよ。
그렇게 걱정하지 않아도 괜찮을 거야.

WORD

取引(とりひき) 거래
~に関(かん)しては ~에 관해서는
全(まった)く 전혀
手術(しゅじゅつ) 수술
無事(ぶじ)に 무사히
終(お)わる 끝나다

03 일본인과 대화하기

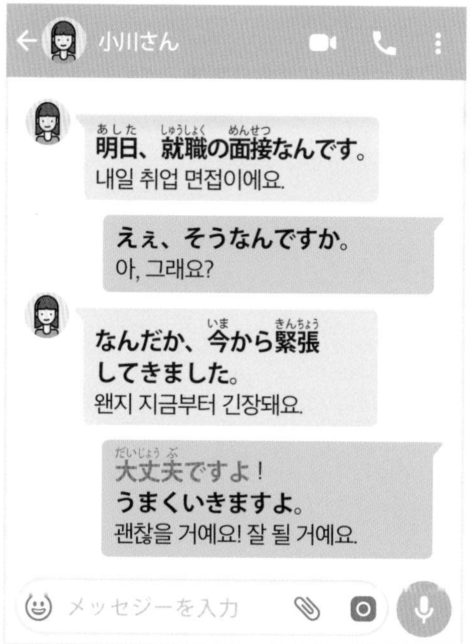

小川さん
明日(あした)、就職(しゅうしょく)の面接(めんせつ)なんです。
내일 취업 면접이에요.
えぇ、そうなんですか。
아, 그래요?
なんだか、今(いま)から緊張(きんちょう)してきました。
왠지 지금부터 긴장돼요.
大丈夫(だいじょうぶ)ですよ！ うまくいきますよ。
괜찮을 거예요! 잘 될 거예요.
メッセジーを入力

WORD

面接(めんせつ) 면접
なんだか 왠지, 어쩐지
今(いま)から 지금부터
緊張(きんちょう)する 긴장하다, 긴장되다
うまくいく 잘 되다

TIP

就職(しゅうしょく)

'취직'이라는 단어이지만 일본어에서는 '취직, 취업' 두 가지의 의미를 모두 갖습니다. '就業(しゅうぎょう)'처럼 쓰지 않도록 주의하세요.

PATTERN 087

Track 087

頑張(がんば)ってください。

힘내세요.

이 표현은 '열심히 하다, 노력하다, 힘내다'라는 뜻의 동사 '頑張(がんば)る'를 사용하여 위로나 응원할 때 쓰는 가장 일반적인 표현입니다. 비즈니스상에서는 적절하지 않으며 만약 윗사람에게 위로의 말을 한다면 격식을 차려 'ご健闘(けんとう)をお祈(いの)りしております'라고 하면 됩니다. 일반적인 관계에서는 사용할 수 있으나 가까운 사이가 아닌 경우에는 주의하는 것이 좋습니다.

01 네이티브 따라잡기

경어를 사용해야 하는 상대에게	**ご健闘(けんとう)をお祈(いの)りしております。** 건투를 빕니다.
일반적인 관계인 상대에게	**頑張(がんば)ってください。** 힘내세요. (좀 더 친한 사이)
친밀한 관계인 상대에게	**頑張(がんば)って。** 힘내. **元気出(げんきだ)して。** 기운 내. **頑張(がんば)れ。** 힘내라.

Bonus 친한 사이에서 비슷한 표현으로 '元気出(げんきだ)して(기운 내)'도 쓸 수 있으며, 명령형을 써서 좀 더 힘을 북돋으며 강하게 응원하는 표현으로 '頑張(がんば)れ(힘내라)'가 있습니다.

02 예문으로 알아보기

ご健闘(けんとう)を心(こころ)よりお祈(いの)りしております。

건투를 진심으로 빌겠습니다.

あまり無理(むり)しない程度(ていど)に、頑張(がんば)ってください。

너무 무리하지 않을 정도로 힘내세요.

そんなに落(お)ち込(こ)まないで、元気出(げんきだ)して。

그렇게 우울해 하지 말고 기운 내.

WORD

心(こころ)より 진심으로

程度(ていど) 정도

TIP

落(お)ち込(こ)む

원래 '깊은 곳에 빠지다'라는 뜻이지만 '기분이 꿀꿀하다, 우울해 하다' 등의 뜻으로도 사용합니다.

03 일본인과 대화하기

なつ
どうしたの？元気(げんき)ないね。
무슨 일이야? 기운이 없네.
うん。実(じつ)は、彼(かれ)にフラれちゃって…。
응. 실은 남자친구한테 차여서….
そっかぁ。でも、またいい人見(ひとみ)つかるよ。頑張(がんば)って！
그렇구나. 하지만 또 좋은 사람 찾게 될 거야. 힘내!
ありがとう。頑張(がんば)るよ！
고마워. 힘낼게!
メッセージを入力

WORD

元気(げんき)(が)ない 기운(이) 없다

実(じつ)は 실은

彼(かれ) 그, 남자친구

フラれる 차이다

いい人(ひと) 좋은 사람

見(み)つかる 찾게 되다

TIP

頑張(がんば)るよ

이 때는 응원 표현이 아닌 자신이 노력하여 힘내겠다고 다짐하는 표현입니다.

Track 088

大変でしたね。

힘들었겠네요.

이 표현은 상대방이 힘들었을 거라는 생각을 하며 위로해 주는 표현입니다. '大変だ(힘들다)'의 정중한 과거 표현인 '大変でした(힘들었어요)'에 'ね'를 붙여서 '힘들었겠네요'란 뜻으로 사용합니다. 비즈니스 관계에서 윗사람에게 한다면 'お疲れになりましたでしょう'와 같이 말하는 것이 가장 무난합니다. 또 친한 관계에서는 '大変だったね'라고 반말로 말하면 됩니다.

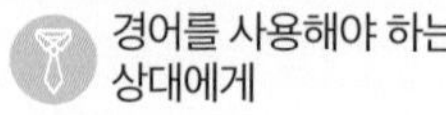

경어를 사용해야 하는 상대에게	**お疲れになりましたでしょう。** 고생이 많으셨겠네요.
 일반적인 관계인 상대에게	**大変でしたね。** 힘들었겠네요.
 친밀한 관계인 상대에게	**大変だったね。** 힘들었겠네.

Bonus '大変ですね(힘들겠네요)'와 '大変だね(힘들겠네)'처럼 현재형으로도 표현할 수 있으며 과거 표현과 마찬가지로 자주 사용하는 표현입니다.

02 예문으로 알아보기

遠方への出張で、お疲れになりましたでしょう。

먼 곳으로 출장 가셔서 고생이 많으셨겠네요.

去年は、お子さんの受験で大変でしたね。

작년에는 자녀분 수험으로 힘들었겠네요.

全てが初めての経験で、大変だったね。

모두 처음 경험하는 거라 힘들었겠네.

WORD

遠方 먼 곳

お子さん 자녀분

受験 수험

全て 모두

初めて 처음(으로), 첫 번째(로)

03 일본인과 대화하기

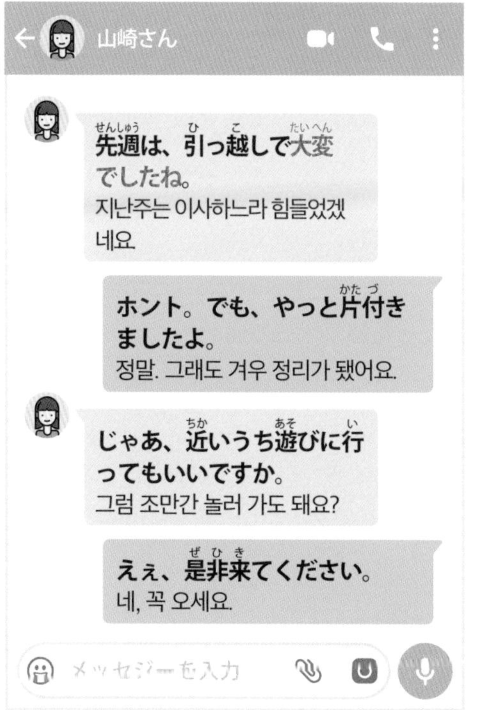

山崎さん
先週は、引っ越しで大変でしたね。
지난주는 이사하느라 힘들었겠네요.
ホント。でも、やっと片付きましたよ。
정말. 그래도 겨우 정리가 됐어요.
じゃあ、近いうち遊びに行ってもいいですか。
그럼 조만간 놀러 가도 돼요?
ええ、是非来てください。
네, 꼭 오세요.
メッセジーを入力

WORD

引っ越し 이사

やっと 겨우, 간신히

片付く 정리되다

遊ぶ 놀다

~に行く ~하러 가다

TIP

近いうち(に)

'조만간'이라는 뜻으로 거리상 가깝다는 의미가 아니라 시간상 멀지 않다는 표현으로 쓰입니다.

Track 089 

PATTERN

089 残念でしたね。

아쉬웠겠네요.

이 표현은 상대방의 아쉬운 마음을 달래주며 위로하는 표현입니다. '残念だ'는 '아쉽다, 유감스럽다, 안타깝다' 등의 의미가 있으며 스스로 아쉬움을 표현할 때도 사용할 수 있습니다. 비즈니스 관계에서는 이 표현을 사용할 수 없으며 일반적인 관계에서도 가까운 사이에서 주로 사용합니다. 친한 사이에서는 '残念だったね'처럼 반말로 사용하면 됩니다.

01 네이티브 따라잡기

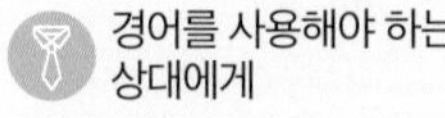 경어를 사용해야 하는 상대에게	(사용할 수 없음)
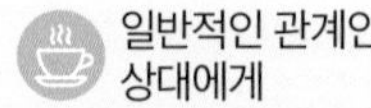 일반적인 관계인 상대에게	**残念でしたね。** 아쉬웠겠네요.
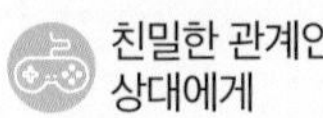 친밀한 관계인 상대에게	**残念だったね。** 아쉬웠겠네.

Bonus 이 표현은 '~でした'처럼 주로 과거 표현으로 사용하는데, 이미 지난 일에 대해서 아쉬워했을 거라는 의미가 됩니다. 현재 느끼고 있는 상대방이나 자신의 아쉬움을 말할 땐 '残念ですね(아쉽네요)', '残念だね(아쉽네)'라고 하면 됩니다.

02 예문으로 알아보기

優勝できなくて、残念でしたね。

우승하지 못해서 아쉬웠겠네요.

せっかくのチャンスだったのに、残念でしたね。

모처럼의 기회였는데 아쉬웠겠네요.

頑張ったのに、残念だったね。

열심히 했는데 아쉬웠겠네.

WORD

優勝する 우승하다

チャンス 기회(찬스)

~のに ~인데

頑張る 열심히 하다

03 일본인과 대화하기

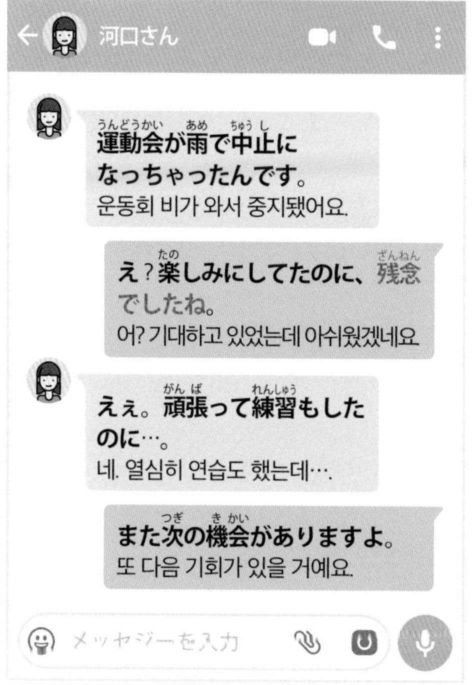

河口さん
運動会が雨で中止になっちゃったんです。
운동회 비가 와서 중지됐어요.
え？楽しみにしてたのに、残念でしたね。
어? 기대하고 있었는데 아쉬웠겠네요
ええ。頑張って練習もしたのに…。
네. 열심히 연습도 했는데….
また次の機会がありますよ。
또 다음 기회가 있을 거예요.
メッセジーを入力

WORD

運動会 운동회

雨 비

中止になる 중지되다

楽しみにする 기대하다

練習 연습

次の機会 다음 기회

TIP

雨です

일본어로 비가 오는 날씨를 말할 때는 보통 '雨です'처럼 '오다'란 동사 없이도 표현할 수 있습니다.

PATTERN 090

Track 090

お気の毒ですね。

참 안됐네요.

이 표현은 다른 사람의 불행, 고통, 아픔을 공감하며 위로할 때 사용합니다. '気の毒'는 '마음의 독이 된다'라는 뜻이며 원래 자신의 마음의 독이 되는 것을 나타내는 의미였으나 타인의 아픔을 동정하며 안쓰러워 할 때도 사용하게 되었습니다. 비즈니스 관계나 일반적인 관계에서 사용할 때 상황을 파악한 후에 주의하며 말하는 것이 좋습니다.

01 네이티브 따라잡기

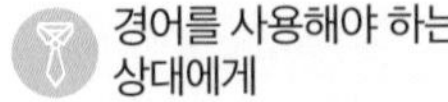

경어를 사용해야 하는 상대에게	**お気の毒に存じます。** 안타깝게 생각합니다.
일반적인 관계인 상대에게	**お気の毒ですね。** 참 안됐네요. **気の毒に思います。** 안됐다고 생각해요.
친밀한 관계인 상대에게	**残念だったね。** 안타깝네.

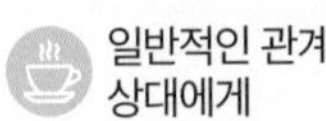

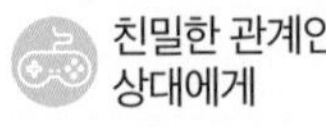

Bonus 'お気の毒に'와 같이 사용할 수도 있으나 이 말을 직접 하게 되면 약간 비꼬는 표현으로 받아들일 수도 있기 때문에 직접 말하는 것은 피하는 것이 좋고 되도록 위와 같은 표현들처럼 완곡하게 말하는 것이 좋습니다.

02 예문으로 알아보기

お母様が怪我されたそうで、お気の毒に存じます。
어머님께서 다치셨다고 해서 안타깝게 생각합니다.

泥棒に入られたなんて、それはお気の毒ですね。
도둑이 들었다니 그거 참 안됐네요.

その話は、本当に気の毒に思います。
그 이야기는 정말 안됐다고 생각해요.

WORD

お母様 어머님
怪我する 다치다
泥棒 도둑

TIP

泥棒に入られる

'도둑이 들어와 (훔침을) 당하다'라는 수동 표현으로 우리말로는 자연스럽게 '도둑이 들다'라고 해석하면 됩니다.

03 일본인과 대화하기

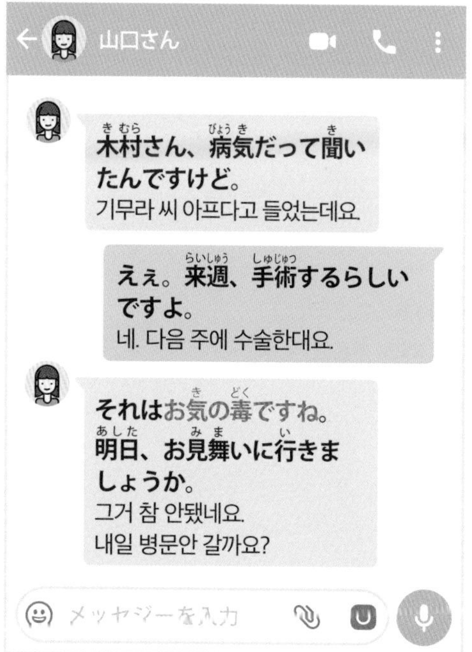

山口さん
木村さん、病気だって聞いたんですけど。
기무라 씨 아프다고 들었는데요.
ええ。来週、手術するらしいですよ。
네. 다음 주에 수술한대요.
それはお気の毒ですね。
明日、お見舞いに行きましょうか。
그거 참 안됐네요.
내일 병문안 갈까요?
メッセジーを入力

WORD

病気 병
来週 다음 주
手術 수술
~らしい ~라고 한다
お見舞い 병문안

TIP

病気だ

'병에 걸려서 아프다'라는 뜻으로 사용합니다. 보통 한국에서 아프다고 할 때 '痛い'라고 하는 사람들이 많은데, 이것은 '頭が痛い(머리가 아프다)' 처럼 통증 부위가 구체적일 때 사용해야 합니다.

생활 일본어

일본 현지에서 쏙쏙 들리는 필수 표현을 익혀봅시다.

옷가게/상점에서

1. **本日(ほんじつ)はご来店(らいてん)いただきまして、誠(まこと)にありがとうございます。**

   오늘은 방문해 주셔서 진심으로 감사드립니다.

2. **何(なに)かお探(さが)しですか。**

   찾으시는 물건 있으세요?

3. **どうぞごゆっくりご覧(らん)ください。**

   천천히 둘러보세요.

4. **ご試着(しちゃく)もできますので、よろしければお試(ため)しください。**

   시착도 가능하오니 괜찮으시면 입어 보세요.

5. **ご試着(しちゃく)は、お一人様(ひとりさま)2点限(てんかぎ)りです。**

   시착은 한 분당 2벌에 한합니다.

6. **かしこまりました。少々(しょうしょう)お待(ま)ちくださいませ。**

   알겠습니다. 잠시만 기다려 주세요.

7. **お会計(かいけい)はあちらでお願(ねが)いします。**

   계산은 저쪽에서 부탁드립니다.

8. **返品(へんぴん)、交換(こうかん)の際(さい)はレシートをお持(も)ちください。**

   반품, 교환을 원하실 때에는 영수증을 지참해 주세요.

9. **パスポートをお願(ねが)いします。**

   여권을 보여주세요.

10. **ご自宅用(じたくよう)ですか。**

    직접 사용하실 물건인가요?

칭찬과 겸손 표현

일본에서는 상대방을 배려하는 차원에서 작은 일에도 크게 칭찬하고, 상대방이 자신을 칭찬해 주는 경우, 그대로 받아들이는 것이 아니라 겸손을 표하는 표현을 많이 사용합니다. 어떻게 표현하면 네이티브처럼 말할 수 있을지 알아봅시다.

- Pattern 091 **さすがですね。** 역시 대단하네요.
- Pattern 092 **すばらしいですね。** 훌륭하네요.
- Pattern 093 **参考(さんこう)になりました。** 도움이 됐어요.
- Pattern 094 **参(まい)りました。** 졌습니다.
- Pattern 095 **○○には敵(かな)いません。** ○○에는 못 당해 내요.
- Pattern 096 **どういたしまして。** 별 말씀을요.
- Pattern 097 **おかげさまで。** 덕분에요.
- Pattern 098 **まだまだです。** 아직 멀었어요.
- Pattern 099 **とんでもないです。** 당치도 않아요.
- Pattern 100 **光栄(こうえい)です。** 영광이에요.

PATTERN 091

さすがですね。

역시 대단하네요.

Track 091

이 표현은 상대방을 칭찬할 때 사용하는 표현입니다. 그러나 비즈니스 관계에서 윗사람에게는 사용할 수 없습니다. 만약 필요할 경우는 '感銘(かんめい)を受(う)けました' 등의 표현을 권해드립니다. 일반적인 관계에서는 얼마든지 사용할 수 있으며 'さすが○○ですね'처럼 칭찬을 하는 대상의 내용을 함께 말할 수 있습니다. 또 친한 사이라면 'さすが'라고만 하면 됩니다.

01 네이티브 따라잡기

 경어를 사용해야 하는 상대에게	**感銘(かんめい)を受(う)けました。** 감명 받았습니다.
일반적인 관계인 상대에게	**さすがですね。** 역시 대단하네요. **さすが○○ですね。** 역시 ○○이네요.
친밀한 관계인 상대에게	**さすが。** 역시. **さすが○○だね。** 역시 ○○이네.

Bonus 주로 'すごい(대단하다, 굉장하다)'와 같은 단어와 함께 사용하는 경우도 많습니다.

02 예문으로 알아보기

先生(せんせい)のお言葉(ことば)に、感銘(かんめい)を受(う)けました。

선생님 말씀에 감명 받았습니다.

問題(もんだい)を一人(ひとり)で解決(かいけつ)するなんて、さすがですね。

문제를 혼자서 해결하다니 역시 대단하네요.

さすが、一流(いちりゅう)のホテルだね。

역시 일류 호텔이네.

WORD

お言葉(ことば) 말씀
問題(もんだい) 문제
一人(ひとり)で 혼자서
解決(かいけつ)する 해결하다
一流(いちりゅう) 일류
ホテル 호텔

03 일본인과 대화하기

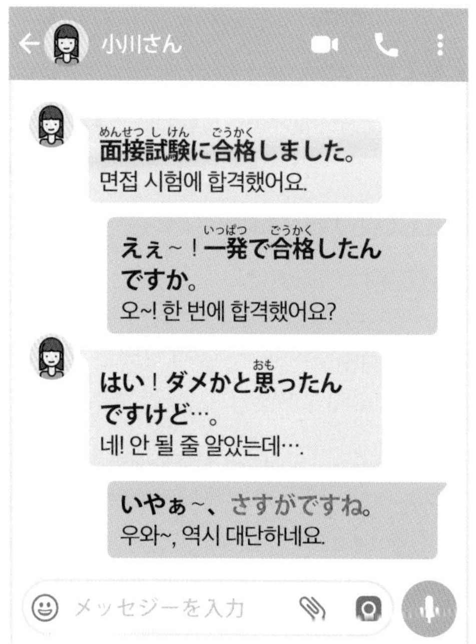

小川さん
面接試験(めんせつしけん)に合格(ごうかく)しました。
면접 시험에 합격했어요.
えぇ～！一発(いっぱつ)で合格(ごうかく)したんですか。
오~! 한 번에 합격했어요?
はい！ダメかと思(おも)ったんですけど…。
네! 안 될 줄 알았는데….
いやぁ～、さすがですね。
우와~, 역시 대단하네요.
メッセジーを入力

WORD

面接試験(めんせつしけん) 면접 시험
合格(ごうかく)する 합격하다
一発(いっぱつ)(で) 한 번(에), 단번(에)

TIP

～かと思(おも)った

'~라고 생각했다'라는 뜻으로 회화에서는 '안 될 줄 알았다'라는 의미로 자주 사용합니다.

PATTERN 092

Track 092 

すばらしいですね。

훌륭하네요.

이 표현은 '훌륭하다'라는 의미로 상대방의 능력이나 어떠한 대상을 칭찬할 때 사용합니다. 그러나 윗사람에게 사용하면 실례가 될 수 있습니다. 그래서 훌륭하다는 마음을 전하고 싶은 경우에는 비슷한 표현인 'お見事(みごと)です'라는 표현과 '尊敬(そんけい)します'와 같은 표현을 함께 사용하는 것이 좋습니다. 가까운 사이에서는 얼마든지 사용할 수 있으며 앞에서 배웠던 'すごい'와 함께 사용해도 좋습니다.

 경어를 사용해야 하는 상대에게	**お見事(みごと)です。** 훌륭합니다. **尊敬(そんけい)します。** 존경합니다. (두 표현을 함께 사용하는 것이 좋음)
일반적인 관계인 상대에게	**すばらしいですね。** 훌륭하네요. **すごいですね。** 대단하네요.
 친밀한 관계인 상대에게	**すごい。** 대단해.

Bonus 아무리 칭찬을 표하고 싶다고 하더라도 경어를 사용해야 하는 윗사람에게 사용하면 자칫 위에서 내려다 보는 뉘앙스가 될 수 있어서 적절하지 않을 수 있습니다. 따라서 좀 더 정중한 표현으로 전달해야 실례를 범하지 않을 수 있습니다.

02 예문으로 알아보기

先生(せんせい)の作品(さくひん)、お見事(みごと)ですね。尊敬(そんけい)します。

선생님 작품, 훌륭하네요. 존경합니다.

彼女(かのじょ)の料理(りょうり)の腕前(うでまえ)は、とてもすばらしいですね。

그녀의 요리 솜씨는 아주 훌륭하네요.

さすが、アイディアがすごいね。

역시, 아이디어가 대단하네.

WORD

作品(さくひん) 작품

料理(りょうり) 요리

腕前(うでまえ) 솜씨, 역량

とても 아주, 매우

アイディア 아이디어

03 일본인과 대화하기

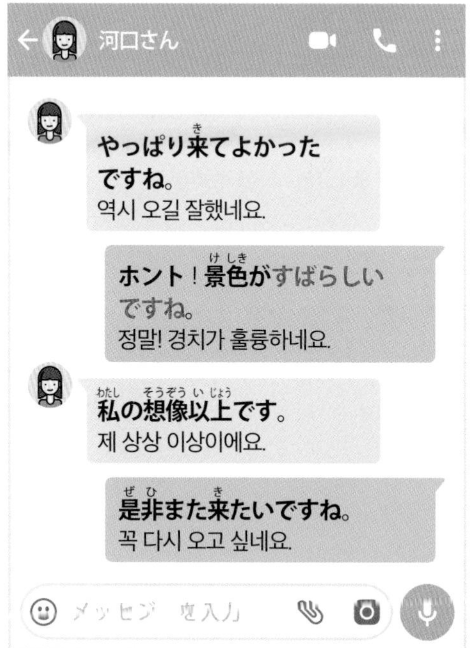

河口さん

やっぱり来(き)てよかったですね。
역시 오길 잘했네요.

ホント！景色(けしき)がすばらしいですね。
정말! 경치가 훌륭하네요.

私(わたし)の想像以上(そうぞういじょう)です。
제 상상 이상이에요.

是非(ぜひ)また来(き)たいですね。
꼭 다시 오고 싶네요.

WORD

景色(けしき) 경치

想像以上(そうぞういじょう) 상상 이상

是非(ぜひ) 꼭, 반드시

TIP

~てよかった

동사 て형에 'よかった'가 접속되면 '~하길 잘했다, ~해서 다행이다'라는 의미가 됩니다.

PATTERN 093

Track 093 

参考(さんこう)になりました。

도움이 됐어요.

이 표현은 '参考(さんこう)(참고)'라는 단어를 사용하여 상대방이 자신에게 참고가 되어 큰 도움이 되었다는 뜻의 존중 표현입니다. 비즈니스 관계에서 사용할 경우에는 좀 더 정중한 표현으로 '勉強(べんきょう)になりました'를 사용하면 됩니다. 이 표현은 자신에게 도움이 되어 좋은 공부의 기회가 되었다는 의미입니다. 또 친한 사이에서는 '参考(さんこう)になった' 혹은 '役(やく)に立(た)った'라고 하면 됩니다.

01 네이티브 따라잡기

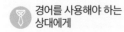

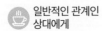

 경어를 사용해야 하는 상대에게	**勉強(べんきょう)になりました。** 공부가 되었습니다.
일반적인 관계인 상대에게	**参考(さんこう)になりました。** 도움이 됐어요.
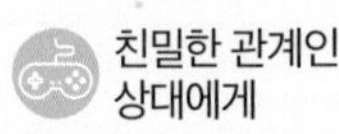 친밀한 관계인 상대에게	**参考(さんこう)になった。** 도움이 됐어. **役(やく)に立(た)った。** 도움이 됐어.

Bonus 듣는 입장에서는 다소 빈말이라고 생각하기 쉬운 표현이기 때문에 구체적인 설명과 함께 사용하는 것이 좋습니다.

02 예문으로 알아보기

ご意見をいただけて、非常に勉強になりました。

의견을 주셔서 상당히 공부가 되었습니다.

この資料はとても参考になりました。

이 자료는 아주 도움이 됐어요.

ブログの情報が、役に立ったよ。

블로그 정보가 도움이 됐어.

WORD

意見 의견

非常に 상당히

資料 자료

ブログ 블로그

情報 정보

03 일본인과 대화하기

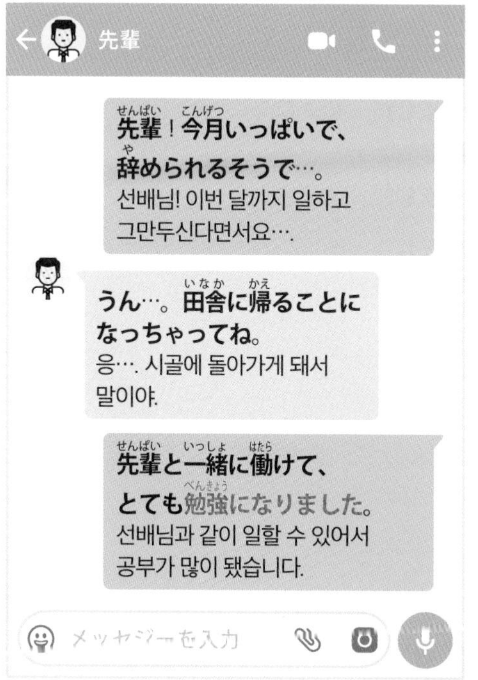

先輩
先輩！今月いっぱいで、辞められるそうで…。
선배님! 이번 달까지 일하고 그만두신다면서요….
うん…。田舎に帰ることになっちゃってね。
응…. 시골에 돌아가게 돼서 말이야.
先輩と一緒に働けて、とても勉強になりました。
선배님과 같이 일할 수 있어서 공부가 많이 됐습니다.
メッセージーを入力

WORD

今月 이번 달

いっぱい ~까지

辞める (일을) 그만두다

田舎 시골

帰る 돌아가다

働く 일하다, 근무하다

TIP

今月いっぱい

기간과 함께 쓰일 때 'いっぱい'는 '~내, ~까지'라는 뜻으로 사용합니다.

PATTERN 094

Track 094

参(まい)りました。

졌습니다.

이 표현은 '行(い)く(가다)'와 '来(く)る(오다)'의 겸양어이자 또 '승부에 지다, 항복하다'라는 뜻인 '参(まい)る'의 정중한 과거 표현인데 여기서는 '(당신에게) 졌습니다'라는 뜻으로 사용합니다. 보통 비즈니스 관계에서 상대방의 실력 등을 칭찬할 때 일부러 자신이 졌다는 표현을 사용하는 경우가 많습니다. 또 일반적인 관계에서도 승부에 졌다, 항복하겠다는 뜻으로 동일하게 사용합니다.

01 네이티브 따라잡기

경어를 사용해야 하는 상대에게	**参(まい)りました。** 졌습니다.
일반적인 관계인 상대에게	**参(まい)りました。** 졌습니다. **負(ま)けました。** 졌어요. (좀 더 친한 사이)
친밀한 관계인 상대에게	**参(まい)った。** 졌다. **負(ま)けた。** 졌어. **私(わたし)の負(ま)けだ。** 나의 패배야.

02 예문으로 알아보기

お見事です。参りました。
훌륭하십니다. 졌습니다.

今回ばかりは、私が負けました。
이번만큼은 제가 졌어요.

勝てると思ったけど、私の負けだ。
이길 수 있을 거라 생각했는데 나의 패배야.

WORD

今回 이번

~ばかり ~만큼

勝つ 이기다

03 일본인과 대화하기

WORD

これから 이제부터

本番 본 경기

まったく 참, 정말로

TIP

このくらいにする

직역을 하면 '이 정도로 하다'인데 주로 '이쯤 하다, 이 정도로 끝내다'와 같이 여기서 마무리 하자는 표현으로 사용합니다.

PATTERN 095

Track 095

○○には敵(かな)いません。

○○에는 못 당해 내요.

이 표현은 칭찬하는 표현 중에서도 극찬할 때 사용하는 표현입니다. 비즈니스나 일반적인 관계에서 자주 사용할 수 있으며 비슷한 표현으로 '勝(か)てません'이라고도 할 수 있습니다. 참고로 '○○には' 부분에는 이길 수 없는 대상에 관련된 구체적인 내용이 들어가게 됩니다. 또 친한 관계에서는 '敵(かな)わない'와 '勝(か)てない'를 사용하면 됩니다.

01 네이티브 따라잡기

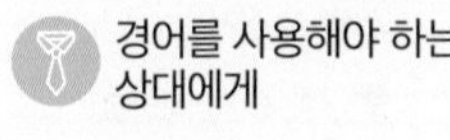 경어를 사용해야 하는 상대에게	**○○には敵(かな)いません。** ○○에는 못 당해 냅니다.
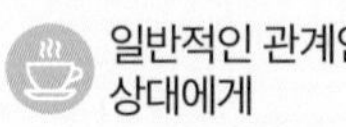 일반적인 관계인 상대에게	**○○には敵(かな)いません。** ○○에는 못 당해 내요. **○○には勝(か)てません。** ○○에는 못 이겨요.
 친밀한 관계인 상대에게	**○○には敵(かな)わない。** ○○에는 못 당해 내. **○○には勝(か)てない。** ○○에는 못 이겨.

Bonus '敵(かな)う'는 '대적하다, 당해 내다'라는 뜻의 동사로, '敵(かな)わない'는 '대적할 수 없다, 당해 내지 못하다'라는 뜻의 부정 표현입니다.

02 예문으로 알아보기

人間(にんげん)の力(ちから)では、自然災害(しぜんさいがい)には敵(かな)いません。
인간의 힘으로는 자연재해에는 못 당해 냅니다.

彼(かれ)の実力(じつりょく)には、誰(だれ)も敵(かな)いませんよ。
그의 실력에는 아무도 못 당해 내요.

どんなに頑張(がんば)っても、1位(い)の成績(せいせき)には勝(か)てないよ。
아무리 열심히 해도 1등의 성적에는 못 이겨.

WORD

力(ちから) 힘
自然災害(しぜんさいがい) 자연재해
誰(だれ)も 아무도
1位(い) 1등(1위)
成績(せいせき) 성적

TIP

どんなに ~ても

'아무리 ~해도'라는 의미로 주로 뒤에 '~하지 않다' 같은 부정이나 '~할 수 없다' 같은 불가능 표현이 옵니다.

03 일본인과 대화하기

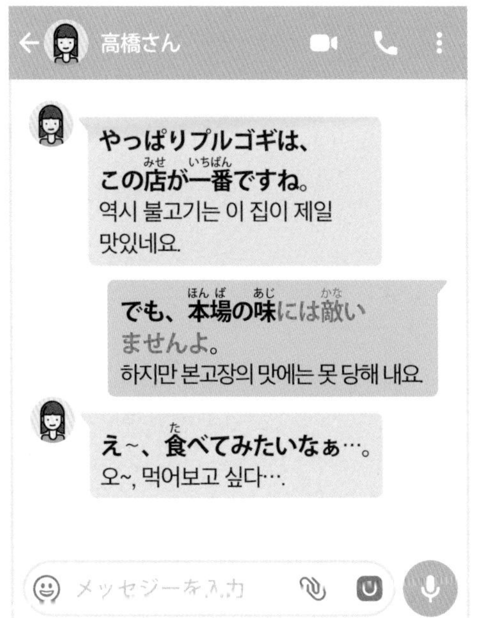

WORD

プルゴギ 불고기
店(みせ) 가게
本場(ほんば) 본고장
味(あじ) 맛

PATTERN 096

Track 096

どういたしまして。

별 말씀을요.

이 표현은 상대방에게서 감사의 말이나 사과의 말을 들은 경우 대답할 때 사용합니다. '별일을 하지 않았다'라는 뜻으로 상대방에게 겸손하게 하는 말에서 나오게 되었습니다. 비즈니스나 일반적인 관계에서 자주 사용하며 대체할 수 있는 표현은 딱히 없습니다. 또 친한 사이에서는 전혀 다른 표현으로 '別に(べつ)' 또는 '別(べつ)にいいよ' 등의 표현을 사용하는 것이 가장 무난합니다.

01 네이티브 따라잡기

 경어를 사용해야 하는 상대에게	**どういたしまして。** 별 말씀을요.
 일반적인 관계인 상대에게	
 친밀한 관계인 상대에게	**別(べつ)に。** 뭘. **別(べつ)にいいよ。** 괜찮아, 됐어.

Bonus 'どう'는 'どのように(어떻게)', 'いたす'는 'する(하다)'의 겸양어로, 이 둘이 합쳐져 만들어진 표현입니다.

02 예문으로 알아보기

どういたしまして。お役(やく)に立(た)てて、嬉(うれ)しいです。
별 말씀을요. 도움이 돼서 기쁩니다.

どういたしまして。遠慮(えんりょ)なく、いつでもどうぞ。
별 말씀을요. 사양하지 말고 언제든지 말씀하세요.

いや、別(べつ)に。私(わたし)でよければまた言(い)ってね。
아냐, 뭘. 나라도 괜찮으면 또 말해 줘.

WORD

役(やく)に立(た)つ 도움이 되다
嬉(うれ)しい 기쁘다
いつでも 언제든지
言(い)う 말하다

03 일본인과 대화하기

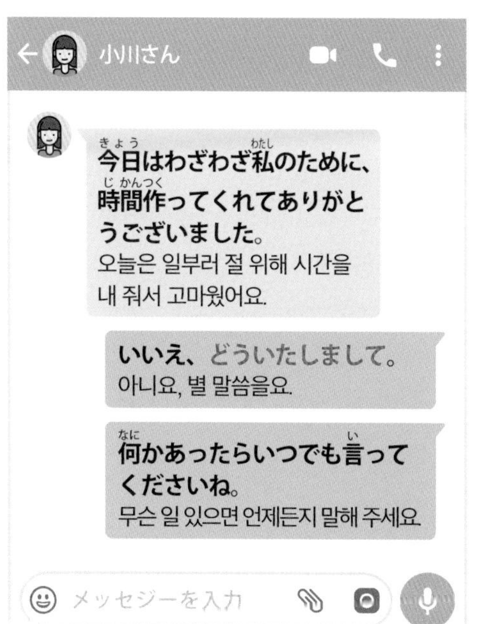

小川さん
今日(きょう)はわざわざ私(わたし)のために、時間作(じかんつく)ってくれてありがとうございました。
오늘은 일부러 절 위해 시간을 내 줘서 고마웠어요.
いいえ、どういたしまして。
아니요, 별 말씀을요.
何(なに)かあったらいつでも言(い)ってくださいね。
무슨 일 있으면 언제든지 말해 주세요.
メッセジーを入力

WORD

わざわざ 일부러
時間(じかん)(を)作(つく)る 시간(을) 만들다, 시간(을) 내다

TIP

~のために

'~을/를 위해서'라는 뜻으로 앞에 명사가 접속하여 의지나 목적을 나타냅니다.

PATTERN 097

Track 097

おかげさまで。

덕분에요.

이 표현은 상대방이 칭찬을 해 주거나 혹은 도움을 받아 감사의 마음을 전할 때 사용합니다. 비즈니스나 일반적인 관계에서는 'おかげさまで○○ます', 'おかげさまで○○ました'처럼 혜택을 받은 내용과 함께 사용하는 것이 일반적입니다. 친한 사이에서는 'おかげで'라고 할 수 있으나 이 표현은 부정적인 의미로 잘못 사용하는 경우도 있으니 주의하는 것이 좋습니다.

01 네이티브 따라잡기

 경어를 사용해야 하는 상대에게	**おかげさまで。** 덕분에요.
일반적인 관계인 상대에게	**おかげさまで○○ます。** 덕분에 ○○합니다. **おかげさまで○○ました。** 덕분에 ○○했습니다.
 친밀한 관계인 상대에게	**おかげで。** 덕분에.

02 예문으로 알아보기

おかげさまで、家族全員、元気で過ごしています。
덕분에 가족 모두 건강히 잘 지내고 있어요.

おかげさまで、無事に終えることができました。
덕분에 무사히 끝낼 수 있었어요.

おかげで、いい点数取れたよ。
덕분에 좋은 점수 받았어.

WORD

家族 가족
全員 전원, 모두
元気だ 건강하다
過ごす 지내다
無事に 무사히
終える 끝내다
点数 점수
取れる (점수를)받다, 따다

03 일본인과 대화하기

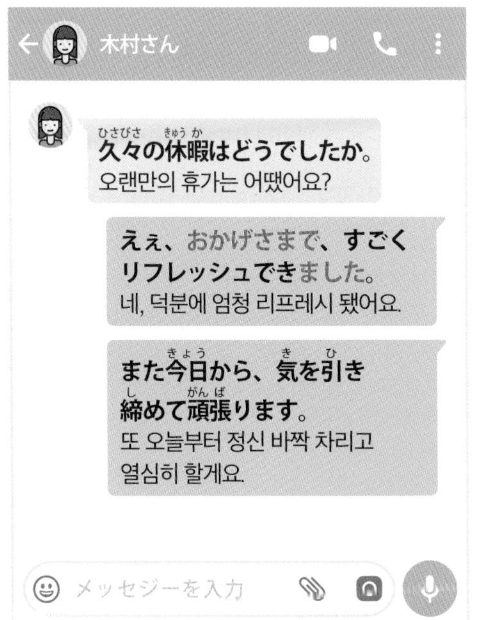

木村さん
久々の休暇はどうでしたか。
오랜만의 휴가는 어땠어요?
えぇ、おかげさまで、すごくリフレッシュできました。
네, 덕분에 엄청 리프레시 됐어요.
また今日から、気を引き締めて頑張ります。
또 오늘부터 정신 바짝 차리고 열심히 할게요.
メッセジーを入力

WORD

久々 오랜만
休暇 휴가
リフレッシュ 리프레시
(상쾌하게 함, 기운 나게 함)
引き締める 죄다, 다잡다

TIP

気を引き締める

정신을 꽉 죄어 다잡는다는 의미로 '정신을 바짝 차리다'라는 표현으로 사용합니다.

Track 098

PATTERN 098

まだまだです。

아직 멀었어요.

이 표현은 상대방에게 칭찬을 들었을 때 아직 부족하다며 겸손하게 말할 때 사용합니다. 'まだ'는 '아직'이라는 뜻인데 보통 강조하고 싶을 때 'まだまだ'처럼 두 번 반복하는 경우가 많습니다. 비즈니스나 일반적인 관계에서 모두 사용할 수 있는데 윗사람에게 말할 때는 'まだまだ未熟(みじゅく)です'처럼 말하는 것을 권해드립니다.

01 네이티브 따라잡기

경어를 사용해야 하는 상대에게	**まだまだ未熟(みじゅく)です。** 아직 미숙합니다.
 일반적인 관계인 상대에게	**まだまだです。** 아직 멀었어요. **まだまだ○○です。** 아직 ○○이에요.
 친밀한 관계인 상대에게	**まだまだだよ。** 아직 멀었어.

Bonus 'まだまだですね' 혹은 'まだまだだね'라고 말 끝에 'よ'가 아닌 'ね'를 붙여 버리면 내가 아닌 상대방의 실력 등이 아직 멀었다, 떨어진다는 의미가 되므로 실수하지 않도록 주의해야 합니다.

02 예문으로 알아보기

私(わたし)は、まだまだ力不足(ちからぶそく)です。
저는 아직 역부족이에요.

私(わたし)の実力(じつりょく)は、まだまだですよ。
제 실력은 아직 멀었어요.

私(わたし)なんか、まだまだだよ。
나 같은 거 아직 멀었어.

WORD

力不足(ちからぶそく) 역부족
実力(じつりょく) 실력
~なんか ~따위, ~같은 거

03 일본인과 대화하기

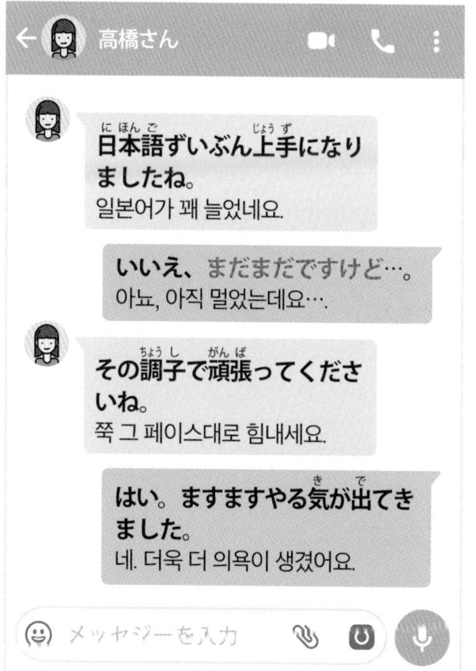

WORD

ずいぶん 꽤
上手(じょうず)だ 잘하다
ますます 더욱 더
やる気(き)が出(で)る 의욕이 생기다

TIP

調子(ちょうし)
'상태, 컨디션'이라는 뜻으로 주로 사용하는데 몸 상태 외에도 좋은 상태, 페이스를 유지하라는 의미로도 사용합니다.

Track 099 

PATTERN 099

とんでもないです。

당치도 않아요.

이 표현은 '터무니없다, 뜻밖이다' 등 다양한 뜻이 있지만 그 중에서 상대방의 말에 겸손하게 말할 때 천만에, 당치도 않다는 의미로 주로 사용합니다. 비즈니스상에서 특히 많이 사용하기 때문에 좀 더 정중한 표현으로 바꾸는 경우가 많은데, 가장 적절한 것은 'とんでもないことでございます'입니다. 친한 사이에서는 'とんでもない'라고 하면 됩니다.

01 네이티브 따라잡기

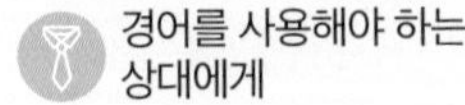 경어를 사용해야 하는 상대에게	**とんでもないことでございます。** 당치도 않은 일입니다.
 일반적인 관계인 상대에게	**とんでもないです。** 당치도 않아요.
 친밀한 관계인 상대에게	**とんでもない。** 당치도 않아.

Bonus 정중한 표현으로 말할 때 'とんでもない'에서 'ない' 부분을 'ありません'이나 'ございません'으로 바꾸어 말하는 사람들이 많습니다. 그러나 이 표현은 문법적으로 잘못된 표현이므로 꼭 'とんでもないことでございます'라고 해야 합니다.

02 예문으로 알아보기

とんでもないことでございます。**ご検討(けんとう)いただいて幸(さいわ)いです。**
당치도 않은 일입니다. 검토해 주셔서 감사합니다.

私(わたし)にこんな高価(こうか)な物(もの)なんて。とんでもないです。
저한테 이런 고가의 물건을 주시다니. 당치도 않아요.

とんでもない。**それは、誤解(ごかい)だよ。**
당치도 않아. 그건 오해야.

WORD

検討(けんとう)する 검토하다
高価(こうか)だ 고가이다, 값비싸다
物(もの) 물건
誤解(ごかい) 오해

03 일본인과 대화하기

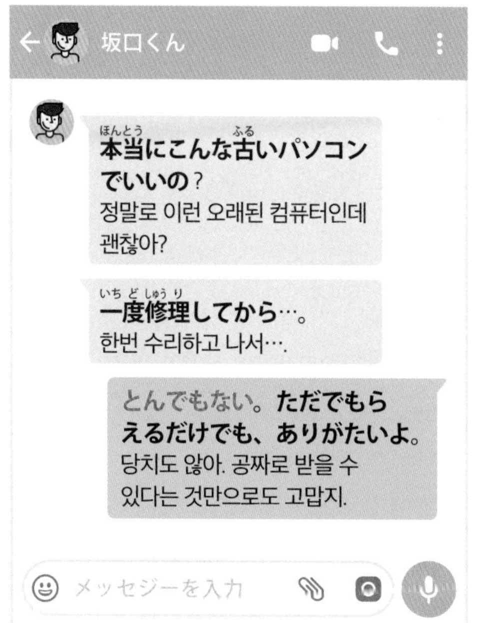

坂口くん
本当(ほんとう)にこんな古(ふる)いパソコンでいいの?
정말로 이런 오래된 컴퓨터인데 괜찮아?
一度(いちど)修理(しゅうり)してから…。
한번 수리하고 나서….
とんでもない。ただでもらえるだけでも、ありがたいよ。
당치도 않아. 공짜로 받을 수 있다는 것만으로도 고맙지.
メッセジーを入力

WORD

本当(ほんとう)に 정말, 정말로
古(ふる)い 오래되다, 낡다
パソコン 컴퓨터('パーソナルコンピューター'의 준말)
修理(しゅうり)する 수리하다
~てから ~하고 나서

TIP

ただ

부사로 쓰일 땐 '그저'라는 의미이지만 명사로 쓰일 땐 '無料(むりょう)'와 같이 '무료, 공짜'란 뜻으로 자주 사용하는 단어입니다.

Track 100

PATTERN 100 光栄(こうえい)です。

영광이에요.

이 표현은 상대방 덕분에 자신이 할 수 있었던 행동에 대해 자랑스러움을 느끼거나 명예스럽게 생각할 때 자신을 낮추며 말하는 표현입니다. 혹은 상대방을 존경하는 마음을 전할 때도 사용할 수 있습니다. 비즈니스 관계에서 사용할 수 있으며 일반적인 관계에서도 사용할 수는 있으나 조금 딱딱한 느낌이 든다면 '嬉(うれ)しいです'정도로 바꿔서 사용해도 좋습니다.

01 네이티브 따라잡기

경어를 사용해야 하는 상대에게	**光栄(こうえい)です。** 영광입니다.
 일반적인 관계인 상대에게	**光栄(こうえい)です。** 영광이에요. **嬉(うれ)しいです。** 기뻐요.
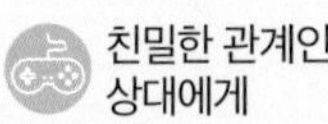 친밀한 관계인 상대에게	**よかった。** 다행이야. **嬉(うれ)しい。** 기뻐.

Bonus '영광'이라는 단어는 '栄光(えいこう)'가 아니라 '光栄(こうえい)'라고 해야 한다는 점에 주의하세요.

02 예문으로 알아보기

このような機会(きかい)をいただけて、光栄(こうえい)です。

이런 기회를 주셔서 영광입니다.

お会(あ)いできて、嬉(うれ)しいです。

만나 뵐 수 있어서 기뻐요.

友達(ともだち)になれてよかった。

친구가 될 수 있어서 다행이야.

WORD

機会(きかい) 기회

お会(あ)いする 만나 뵈다

友達(ともだち) 친구

~になる ~이/가 되다

03 일본인과 대화하기

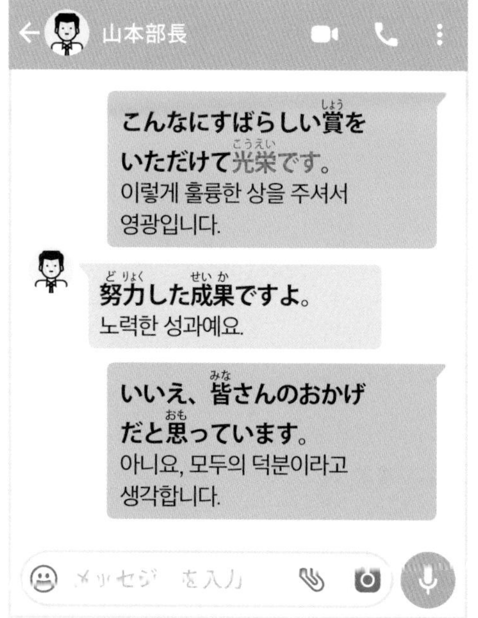

山本部長
こんなにすばらしい賞(しょう)をいただけて光栄(こうえい)です。
이렇게 훌륭한 상을 주셔서 영광입니다.
努力(どりょく)した成果(せいか)ですよ。
노력한 성과예요.
いいえ、皆(みな)さんのおかげだと思(おも)っています。
아니요, 모두의 덕분이라고 생각합니다.

WORD

賞(しょう) 상

努力(どりょく)する 노력하다

成果(せいか) 성과

皆(みな)さん 여러분, 모두

TIP

~のおかげ

'~의 덕분'이라는 뜻으로 앞에 오는 명사 덕에 도움이 되었다는 의미로 사용합니다. 비슷한 표현으로 '~のせい'가 있는데 이것은 '~의 탓'으로 책망하는 뉘앙스를 가집니다.

생활 일본어

일본 현지에서 쏙쏙 들리는 필수 표현을 익혀봅시다.

TV/방송에서

1. **ご覧のスポンサーの提供で、お送りいた(します/しました)。**

   보시는 스폰서의 제공으로 보내 드립니다/드렸습니다.

2. **番組の途中ですが、ニュースをお伝えします。**

   방송 중간이지만 뉴스를 전달하겠습니다.

3. **引き続き、○○をお楽しみください。**

   계속해서 ○○를 즐겨 주시길 바랍니다.

4. **放送時間を過ぎておりますが、引き続き○○をお送りいたします。**

   방송시간을 지나고 있지만 계속해서 ○○를 보내 드리겠습니다.

5. **番組の内容を変更して、お送りいたします。**

   방송 내용을 변경하여 보내 드리겠습니다.

6. **地震速報をお伝えします。**

   지진속보를 전해 드립니다.

7. **時刻は、○時○分をまわりました。**

   시각은 ○시 ○분을 지났습니다.

8. **番組からのお知らせです。**

   방송으로부터 안내 드립니다.

9. **番組へのご意見、ご感想をお聞かせください。**

   방송에 의견, 감상을 보내주십시오.

10. **たくさんのご応募、お待ちしております。**

    많은 응모 기다리겠습니다.

부록

표현 색인
(오십음도순)

표현	뜻	과	쪽수
あり得(え)ない	말도 안 돼	20	76
あり得(え)ないです	말도 안 돼요	20	76
あり得(え)ねぇ	말도 안 돼	20	76
ありがたい	고맙게 생각해	52	148
ありがたいです	고맙게 생각합니다	52	148
ありがとう	고마워	51	146
ありがとうございます	고맙습니다	51	146
ありがとうございます	고맙습니다	60	164
合(あ)わせる顔(かお)がありません	면목이 없습니다	43	128
合(あ)わせる顔(かお)がない	면목이 없어	43	128
いい加減(かげん)にして	적당히 해	83	216
いい加減(かげん)にしてください	적당히 하세요	83	216
いい感(かん)じ	느낌이 좋아	15	66
いい感(かん)じですね	느낌이 좋네요	15	66
いいですね	좋네요	61	168
いいね	좋네	61	168
いいよ	(해도) 돼, (해도) 좋아	28	94
いいよ	됐어	70	186
言(い)う通(とお)り	말하는 대로야	78	204
言(い)う通(とお)りです	말하는 대로예요	78	204
いかがでしょうか	어떠실까요?	71	190
いかがですか	어떠세요?	34	108
いかがですか	어떠세요?	71	190
いけません	안 됩니다	81	212
○○いただけると幸(さいわ)いです	○○해 주시면 고맙겠습니다	54	152

嬉(うれ)しい	기뻐	100	252
嬉(うれ)しいです	기뻐요	100	252
遠慮(えんりょ)いたします	사양하겠습니다	70	186
遠慮(えんりょ)させていただきます	사양하겠습니다	69	184
遠慮(えんりょ)させてもらいます	사양하겠습니다	69	184
遠慮(えんりょ)しないで	사양하지 마	56	156
遠慮(えんりょ)します	사양할게요	69	184
遠慮(えんりょ)するね	사양할게	69	184
遠慮(えんりょ)するよ	사양할게	69	184
遠慮(えんりょ)なく	사양 않고	55	154
遠慮(えんりょ)なく	사양 말고	56	156
大目(おおめ)に見(み)て	좀 봐줘	47	136
大目(おおめ)に見(み)てください	너그러이 봐주세요	47	136
大目(おおめ)に見(み)てくれ	좀 봐줘	47	136
おかげさまで	덕분에요	97	246
おかげさまで○○ました	덕분에 ○○했습니다	97	246
おかげさまで○○ます	덕분에 ○○합니다	97	246
おかげで	덕분에	97	246
お構(かま)いなく	신경 쓰지 마세요	58	160
お変(か)わりありませんか	별일 없으세요?	8	50
お変(か)わりないですか	별일 없으세요?	8	50
お気遣(きづか)いなく	신경 쓰지 마세요	57	158
お気遣(きづか)いなさらないでください	신경 쓰지 않으셔도 됩니다	57	158
お気(き)になさらないでください	신경 쓰지 않으셔도 됩니다	50	142
お気(き)の毒(どく)ですね	참 안됐네요	90	230
お気(き)の毒(どく)に存(ぞん)じます	안타깝게 생각합니다	90	230

お気持(きも)ちだけ頂戴(ちょうだい)します	마음만 받겠습니다	68	182
お気持(きも)ちだけで充分(じゅうぶん)です	마음만으로 충분합니다	68	182
お気持(きも)ちだけで充分(じゅうぶん)です	마음만으로 충분해요	68	182
お元気(げんき)でいらっしゃいましたか	안녕히 지내셨어요?	7	48
お元気(げんき)でしたか	잘 지냈어요?	7	48
お言葉(ことば)に甘(あま)えて	사양하지 않고	55	154
お言葉(ことば)に甘(あま)えて○○ます	사양하지 않고 ○○하겠습니다	55	154
お世話(せわ)になっています	신세를 지고 있습니다	53	150
お世話(せわ)になっております	신세를 지고 있습니다	53	150
恐(おそ)れ入(い)ります	송구스럽습니다	60	164
お疲(つか)れ	안녕?	2	38
お疲(つか)れ	안녕?	3	40
お疲(つか)れ	수고	9	52
お疲(つか)れ様(さま)	수고해	9	52
お疲(つか)れ様(さま)です	수고하십니다	9	52
お疲(つか)れ様(さま)です	수고하세요	9	52
お疲(つか)れさん	수고해	9	52
お疲(つか)れです	수고하세요	9	52
お疲(つか)れになりましたでしょう	고생이 많으셨겠네요	88	226
オッケー	오케이	61	168
おっしゃる通(とお)りでございます	말씀하신 대로입니다	78	204
おっしゃる通(とお)りです	말씀하신 대로입니다	13	62
おっしゃる通(とお)りです	말씀하신 대로입니다	78	204
おっす	안녕?	1	36
おっす	안녕?	2	38
おっす	안녕?	3	40

お手数(てすう)おかけいたします	수고를 끼쳐드립니다	25	88
お手数(てすう)おかけします	수고를 끼칩니다	25	88
お願(ねが)い	부탁해	21	80
お願(ねが)いいたします	부탁드립니다	21	80
お願(ねが)いします	부탁드려요	21	80
お願(ねが)いね	부탁할게	21	80
おは	안녕?	1	36
おはよう	안녕?	1	36
おはようございます	안녕하세요	1	36
おはようございます	안녕하세요	4	42
お久(ひさ)しぶり	오랜만이야	6	46
お久(ひさ)しぶりです	오랜만이에요	6	46
お見事(みごと)です	훌륭합니다	92	236
お許(ゆる)しください	용서해 주십시오	46	134
かしこまりました	알겠습니다	63	172
からかわないで	놀리지 마	85	220
からかわないでください	놀리지 마세요	85	220
変(か)わりない	별일 없어?	8	50
変(か)わりないですか	별일 없어요?	8	50
感謝(かんしゃ)しています	감사드립니다	52	148
感謝(かんしゃ)している	고마워	52	148
感謝(かんしゃ)申(もう)し上(あ)げます	감사 말씀드립니다	52	148
頑張(がんば)って	힘내	87	224
頑張(がんば)ってください	힘내세요	87	224
頑張(がんば)れ	힘내라	87	224
勘弁(かんべん)して	용서해 줘	48	138

勘弁(かんべん)してください	용서해 주세요	48	138
勘弁(かんべん)してくれ	용서해 줘	48	138
感銘(かんめい)を受(う)けました	감명 받았습니다	91	234
○○気(き)がします	○○한 기분이 들어요	75	198
○○気(き)がする	○○한 기분이 들어	75	198
気遣(きづか)わないで	신경 쓰지 마	57	158
気遣(きづか)わないで	신경 쓰지 마	58	160
気(き)にしないで	신경 쓰지 마	50	142
気(き)にしないでください	신경 쓰지 마세요	50	142
気(き)の毒(どく)に思(おも)います	안됐다고 생각해요	90	230
気持(きも)ちだけで嬉(うれ)しい	마음만으로 기뻐	68	182
気持(きも)ちだけで充分(じゅうぶん)	마음만으로 충분해	68	182
結構(けっこう)です	됐습니다	70	186
元気(げんき)出(だ)して	기운 내	87	224
元気(げんき)だった	잘 지냈어?	7	48
元気(げんき)でしたか	잘 지냈어요?	7	48
光栄(こうえい)です	영광입니다	100	252
光栄(こうえい)です	영광이에요	100	252
ご遠慮(えんりょ)なく	사양하지 마시고	56	156
ご勘弁(かんべん)ください	용서해 주십시오	48	138
ご苦労様(くろうさま)	수고해	10	54
ご苦労様(くろうさま)です	고생이 많으십니다	10	54
ご健闘(けんとう)をお祈(いの)りしております	건투를 빕니다	87	224
ご心配(しんぱい)なく	걱정하지 마세요	59	162
ご心配(しんぱい)なさらないでください	걱정하지 않으셔도 됩니다	59	162
ご無沙汰(ぶさた)しております	오랜만에 뵙습니다	6	46

ご迷惑(めいわく)をおかけいたしました	폐를 끼쳤습니다	45	132
ご迷惑(めいわく)をおかけしました	폐를 끼쳤어요	45	132
ごめん	미안해	42	126
ごめん	미안해	44	130
ごめん	미안해	65	176
ごめんなさい	미안합니다	42	126
ごめんなさい	미안합니다	44	130
ご容赦(ようしゃ)ください	용서해 주십시오	47	136
こんちは	안녕하세요	2	38
こんにちは	안녕하세요	2	38
こんにちは	안녕하세요	4	42
こんばんは	안녕하세요	3	40
こんばんは	안녕하세요	4	42
さすが	역시	91	234
さすが○○だね	역시 ○○이네	91	234
さすがですね	역시 대단하네요	91	234
さすが○○ですね	역시 ○○이네요	91	234
左様(さよう)でございます	그렇습니다	11	58
サンキュー	땡큐	51	146
参考(さんこう)になった	도움이 됐어	93	238
参考(さんこう)になりました	도움이 됐어요	93	238
残念(ざんねん)だったね	아쉬웠겠네	89	228
残念(ざんねん)だったね	안타깝네	90	230
残念(ざんねん)でしたね	아쉬웠겠네요	89	228
仕方(しかた)がないですね	어쩔 수 없네요	49	140
仕方(しかた)がないわ[な]	어쩔 수 없네	49	140

知(し)っています	알고 있어요	73	194
知(し)って[い]る	알고 있어	73	194
失礼(しつれい)いたしました	실례했습니다	44	130
失礼(しつれい)いたします	실례하겠습니다	5	44
失礼(しつれい)しました	실례했습니다	44	130
失礼(しつれい)します	실례하겠습니다	5	44
しょうがないですね	어쩔 수 없네요	49	140
しょうがないね[な]	어쩔 수 없네	49	140
承知(しょうち)いたしました	알겠습니다	63	172
承知(しょうち)いたしました	알겠습니다	64	174
しらばっくれないで	모르는 척 하지 마	84	218
心配(しんぱい)しないで	걱정하지 마	59	162
すいません	실례해요	5	44
すいません	죄송해요	41	124
すげぇ	대단해	16	68
すごい	대단해	16	68
すごい	대단해	92	236
すごいですね	대단하네요	16	68
すごいですね	대단하네요	92	236
すばらしいです	훌륭합니다	17	70
すばらしいですね	훌륭하네요	15	66
すばらしいですね	훌륭하네요	16	68
すばらしいですね	훌륭하네요	92	236
すまない	미안해	41	124
すまない	미안해	44	130
すまない	미안해	65	176

すまん	미안	41	124
すみません	실례합니다, 여기요, 저기요	5	44
すみません	죄송합니다	41	124
すみません	죄송합니다	44	130
すみません	죄송합니다	65	176
すみませんが、ちょっと	죄송합니다만 좀	66	178
せっかくだけど	모처럼이지만	67	180
せっかくですが	모처럼이지만	67	180
せっかくの○○だけど	모처럼의 ○○인데	67	180
せっかくの○○ですが	모처럼의 ○○이지만	67	180
絶対(ぜったい)	꼭	62	170
是非(ぜひ)	꼭이요	62	170
是非(ぜひ)	꼭이야	62	170
是非是非(ぜひぜひ)	꼭꼭이요	62	170
是非(ぜひ)とも	꼭이요	62	170
そうです	그래요	11	58
そうですね	그러네요	11	58
そこを何(なん)とか	그걸 어떻게 좀	24	86
そこを何(なん)とかお願(ねが)い	그걸 어떻게 좀 부탁해	24	86
そこを何(なん)とかお願(ねが)いいたします	그걸 어떻게 좀 부탁드립니다	24	86
そこを何(なん)とかお願(ねが)いします	그걸 어떻게 좀 부탁드려요	24	86
そだね	그렇지	11	58
その通(とお)り	그대로야	78	204
その通(とお)りです	그대로예요	78	204
尊敬(そんけい)します	존경합니다	92	236
存(ぞん)じ上(あ)げております	알고 있습니다	73	194

存(ぞん)じております	알고 있습니다	73	194
そんなはずありません	그럴 리 없습니다	19	74
そんなはずないです	그럴 리 없어요	19	74
○○たい	○○하고 싶어	36	112
大丈夫(だいじょうぶ)	괜찮아	86	222
大丈夫(だいじょうぶ)だよ	괜찮을 거야	86	222
大丈夫(だいじょうぶ)ですよ	괜찮을 거예요	86	222
○○たいです	○○하고 싶어요	36	112
大変(たいへん)だったね	힘들었겠네	88	226
大変(たいへん)でしたね	힘들었겠네요	88	226
○○たく存(ぞん)じます	○○해 주시길 바랍니다	37	114
確(たし)かに	확실히	12	60
助(たす)かります	도움이 돼요, 고마워요	54	152
助(たす)かる	도움이 돼, 고마워	54	152
楽(たの)しみ	기대 돼	39	118
楽(たの)しみです	기대 돼요	39	118
楽(たの)しみにしております	기대하고 있겠습니다	39	118
頼(たの)みます	부탁할게요	21	80
頼(たの)む	부탁해	21	80
○○た方(ほう)がいいですよ	○○하는 게 좋아요	80	208
○○た方(ほう)がいいよ	○○하는 게 좋아	80	208
○○た方(ほう)がいいんじゃない	○○하는 게 좋지 않겠어?	80	208
○○た方(ほう)がいいんじゃないですか	○○하는 게 좋지 않겠어요?	80	208
だめ	안 돼	81	212
ダメ	안 돼	81	212
だめです	안 돼요	81	212

だよね	그렇지	11	58
○○だろう	○○이겠지	77	202
○○ちゃいけない	○○하면 안 돼?	27	92
○○ちゃだめ	○○하면 안 돼?	27	92
○○ちゃだめですか	○○하면 안 돼요?	27	92
ちょっと	좀	66	178
○○て	○○해 줘	22	82
○○ていただけますか	○○해 주시겠습니까?	22	82
○○ていただけますか	○○해 주시겠습니까?	23	84
○○てください	○○해 주세요	22	82
○○てくれますか	○○해 주실래요?	23	84
○○てくれる	○○해 줄래?	23	84
○○でしょ	○○이겠지	77	202
○○でしょう	○○이겠죠	77	202
○○でしょうね	○○이겠네요	77	202
ですよね	그렇죠	11	58
○○てはいけない	○○하면 안 돼?	27	92
○○てはいけないですか	○○하면 안 돼요?	27	92
○○てはいけませんか	○○하면 안 됩니까?	27	92
○○てほしい	○○해 주길 바라	37	114
○○てほしいです	○○해 주길 바라요	37	114
○○てもいい	○○해도 돼?	26	90
○○てもいい	○○해도 돼	29	96
○○てもいいです	○○해도 돼요	29	96
○○てもいいですか	○○해도 돼요?	26	90
○○ても構(かま)いません	○○해도 됩니다	29	96

○○ても構(かま)わない	○○해도 돼	29	96
○○ても構(かま)わないです	○○해도 돼요	29	96
○○ても大丈夫(だいじょうぶ)	○○해도 괜찮아	29	96
○○てもよろしいでしょうか	○○해도 될까요?	26	90
○○てもよろしいですか	○○해도 되겠습니까?	26	90
○○てもらえますか	○○해 주시겠어요?	23	84
どう	어때?	34	108
どう	어때?	71	190
どういう意味(いみ)	무슨 뜻이야?	82	214
どういう意味(いみ)ですか	무슨 뜻이에요?	82	214
どういうこと	무슨 소리야?	82	214
どういうことですか	무슨 소리예요?	82	214
どういたしまして	별 말씀을요	96	244
どう思(おも)いますか	어떻게 생각해요?	71	190
どうぞ	(어서) 하세요	28	94
どうぞ	(어서) 해	28	94
どうぞ○○ください	어서 ○○하세요	28	94
どうですか	어때요?	34	108
どうですか	어때요?	71	190
どうも	안녕하세요	2	38
どうも	안녕하세요	3	40
どうも	안녕하세요	4	42
○○と思(おも)います	○○라고 생각해요	74	196
○○と思(おも)う	○○라고 생각해	74	196
○○と存(ぞん)じます	○○라고 생각합니다	74	196
とぼけないで	시치미 떼지 마	84	218

とぼけないでください	시치미 떼지 마세요	84	218
とんでもない	당치도 않아	99	250
とんでもないことでございます	당치도 않은 일입니다	99	250
とんでもないです	당치도 않아요	99	250
○○ない	○○하지 않을래?	31	102
○○ないですか	○○하지 않을래요?	31	102
○○ない方(ほう)がいいよ	○○하지 않는 게 좋아	38	116
○○ない方(ほう)がいいですよ	○○하지 않는 게 좋아요	38	116
○○ない方(ほう)がいいんじゃない	○○하지 않는 게 좋지 않아?	38	116
○○ない方(ほう)がいいんじゃないですか	○○하지 않는 게 좋지 않아요?	38	116
○○なきゃ	○○해야 돼	79	206
○○なきゃいけない	○○해야 돼	79	206
○○なきゃいけないです	○○해야 돼요	79	206
○○なきゃだめ	○○해야 돼	79	206
○○なきゃだめです	○○해야 돼요	79	206
○○なくてもいい	○○하지 않아도 돼	30	98
○○なくてもいいです	○○하지 않아도 돼요	30	98
○○なくても構(かま)いません	○○하지 않아도 됩니다	30	98
○○なくても構(かま)わない	○○하지 않아도 돼	30	98
○○なくても構(かま)わないです	○○하지 않아도 돼요	30	98
○○なければいけません	○○해야 돼요	79	206
なるほど	그렇군	13	62
なるほどね	그렇구나	13	62
○○にいたしましょうか	○○으로 할까요?	32	104
○○には勝(か)てない	○○에는 못 이겨	95	242
○○には勝(か)てません	○○에는 못 이겨요	95	242

○○には敵(かな)いません	○○에는 못 당해 냅니다	95	242
○○には敵(かな)いません	○○에는 못 당해 내요	95	242
○○には敵(かな)わない	○○에는 못 당해 내	95	242
○○はず	○○할 거야	40	120
○○はずだよ	○○할 거야	40	120
○○はずです	○○할 거예요	40	120
久(ひさ)しぶり	오랜만	6	46
久(ひさ)しぶりです	오랜만이에요	6	46
ふざけないで	장난 치지 마	85	220
別(べつ)に	뭘	96	244
別(べつ)にいいよ	괜찮아, 됐어	96	244
勉強(べんきょう)になりました	공부가 되었습니다	93	238
ホント	정말?	18	72
本当(ほんとう)ですか	정말입니까?	18	72
本当(ほんとう)ですか	정말이에요?	18	72
ホントっすか	정말이에요?	18	72
ホントですか	정말이에요?	18	72
参(まい)った	졌다	94	240
参(まい)りました	졌습니다	94	240
負(ま)けた	졌어	94	240
負(ま)けました	졌어요	94	240
誠(まこと)にありがとうございます	진심으로 감사드립니다	51	146
まさか	설마	19	74
まさかね	설마	19	74
マジ	진짜?	18	72
マジで	진짜로?	18	72

○○ましょう	○○합시다	33	106
○○ましょうか	○○할까요?	32	104
○○ません	○○하지 않을래요?	31	102
○○ませんか	○○하시지 않겠습니까?	31	102
○○ませんか	○○하지 않겠습니까?	31	102
まだまだだよ	아직 멀었어	98	248
まだまだです	아직 멀었어요	98	248
まだまだ○○です	아직 ○○이에요	98	248
まだまだ未熟(みじゅく)です	아직 미숙합니다	98	248
間違(まちが)いない	틀림없어	12	60
○○みたい	○○인 것 같아	76	200
○○みたいだね	○○인 것 같네	76	200
○○みたいです	○○인 것 같아요	76	200
迷惑(めいわく)かけるね	폐를 끼치네	25	88
迷惑(めいわく)をかけたね	폐를 끼쳤네	45	132
面倒(めんどう)かけるね	폐를 끼치네	25	88
面目(めんぼく)ありません	면목 없습니다	43	128
面目(めんぼく)ない	면목 없어	43	128
面目(めんぼく)ないです	면목 없습니다	43	128
申(もう)し訳(わけ)ありません	죄송합니다	41	124
申(もう)し訳(わけ)ありません	죄송합니다	42	126
申(もう)し訳(わけ)ありません	죄송합니다	65	176
申(もう)し訳(わけ)ありませんが	죄송합니다만	66	178
申(もう)し訳(わけ)ございません	죄송합니다	41	124
申(もう)し訳(わけ)ございません	죄송합니다	65	176
申(もう)し訳(わけ)ない	미안하다	41	124

問題(もんだい)ありません	문제 없습니다	61	168
問題(もんだい)ありませんよ	문제 없을 겁니다	86	222
問題(もんだい)ございません	문제 없습니다	61	168
役(やく)に立(た)った	도움이 됐어	93	238
やっぱ	역시	14	64
やっぱり	역시	14	64
やばい	대박	17	70
やばいですよ	대박이에요	17	70
やはり	역시	14	64
やべぇ	대박	17	70
やめて	그만해	83	216
やめてください	그만하세요	83	216
やめろ	그만해라	83	216
許(ゆる)して	용서해 줘	46	134
許(ゆる)してください	용서해 주세요	46	134
許(ゆる)してくれ	용서해 줘	46	134
○○[よ]う	○○하사	33	106
○○[よ]うか	○○할까?	32	104
○○ようです	○○인 것 같아요	76	200
よかった	다행이야	100	252
よかったら	괜찮으면	35	110
よくないです	좋지 않습니다	81	212
よろしかったら	괜찮으시다면	35	110
よろしければ	괜찮으시다면	35	110
りょ	ㅇㅋ	64	174
了解(りょうかい)	알겠어	64	174

了解(りょうかい)しました	알겠어요	64	174
分(わ)かった	알겠어	63	172
分(わ)かった	알겠어	64	174
分(わ)かりました	알겠어요	63	172
私(わたし)の負(ま)けだ	나의 패배야	94	240
悪(わる)い	미안해, 잘못했어	42	126
悪(わる)い	미안해, 잘못했어	44	130
悪(わる)い	미안	65	176
○○[ん]じゃない	○○이지 않아?, ○○이잖아	72	192
○○[ん]じゃないですか	○○이지 않아요?, ○○이잖아요	72	192
○○[ん]じゃん	○○이잖아	72	192

시원스쿨닷컴